발표를 잘하게 될꺼야! 좋아하게 될꺼야!

 자신의 생각을 효과적으로 전달하는

말을 전하는 법

시작하며

"제대로 전달되고 있는지 불안해요."
"열심히 설명했는데, 왜 이해하지 못하는 걸까요?"
"사람들 앞에서 말하는 것은 왜 이렇게 긴장될까요?"

이렇게 전달하는 것이 어렵다고 생각하는 사람은 많습니다. 여러분만 그런 것이 아닙니다. 많은 어른들도 여러분과 같은 느낌을 가지고 있습니다. 사람들 앞에서 말하는 것은 긴장되는 일입니다. 상대에게 전달되지 않아 속상했던 경험도 있을 것입니다.
　저는 그런 상황이 정말 "안타깝다!"고 생각합니다.

왜냐하면, 여러분 각자의 아이디어와 생각 등은 멋지고, 소중한 것들이며, 세상에 단 하나뿐인 보물이기 때문입니다. 여러분의 생각이 누군가에게 전달되면, 그것이 누군가에게 용기나 깨달음을 줄 수도 있습니다. 여러분의 아이디어는 현재를 변화시킬 힘도 가지고 있습니다. 하지만 안타깝게도 그 보물은 전달되지 않으면 상대방이 알 수가 없습니다.

"전달하는 방법"에는 몇 가지 규칙이 있습니다. 그것들을 사용하면, 여러분의 전달력은 반드시 향상될 것입니다.
　이 책에서는, 여러분이 전달하는 데 도움이 되는 하나의 도구로서 프레젠테이션 방법을 알려드립니다. 프레젠테이션은 영어로는

Presentation으로, 상대에게 자신의 생각이나 아이디어를 전달하는 방법을 의미합니다. 즉, 여러분이 가진 보물을 상대에게 전달하는 방법이라고 할 수 있습니다. 이 책에서는 그것들을 마법의 전달법으로 소개합니다.

이 책을 통해, 여러분의 어려움이나 부끄러움이 사라지기를 바랍니다. 책을 다 읽고 나면, 전달하는 것이 즐겁고 재미있다고 느끼며, "이것도 전달해 봐야지!" "저것도 전달해 봐야지!" 하는 용기가 생길 것입니다. 자, 함께 시작해 봅시다.

스즈키 미유키

CONTENTS

CHAPTER 6 여러분에게 보내는 메시지

8

이렇게 열심히
내 생각을
전했는데도…!
엄마는 내 생각을
이해해 주지 않아…!

왜요?

기세만으로
설득할 수
있다고
생각해?

공부도, 집안일도
다 하겠다고 말만 하는 거
잖아...
아무튼!!
겉모습만 그럴듯한
얘기만으로는 전혀 진심이
전달되지 않는 거야!!!

내 얘기가...
전혀 전달되지
않았어!!!

"결국, 무슨 말을
하고 싶었던 거야?"
"내용이 전혀 머리에
들어오지 않았어."
"이걸로는 찬성할 수
없겠네."

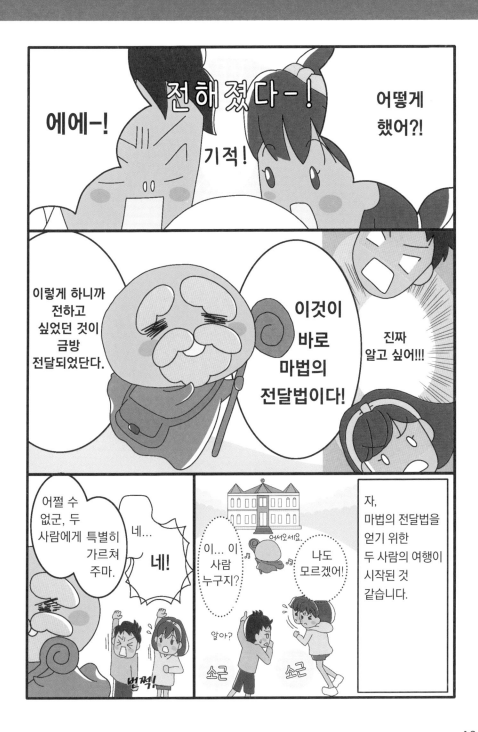

마법의 전달법을 함께 배우는 친구

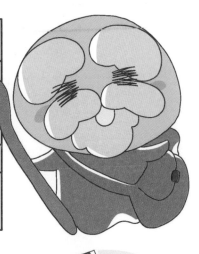

전달의 달인	나이 ？？？
마법의 전달법 전도사	

직업	전국의 초·중학생들에게 마법의 전달법을 전파
좋아하는 것	모두에게 전달하는 방법을 항상 연구
성격	사람의 가능성에 자연스럽게 열정을 느낌

모두에게 이 전달법을 널리 전파할 거예요 !!

전달의 달인 망원경

그 사람의 과거 발표를 엿볼 수 있는 신비한 망원경

마법의 전달법
비법서

선택된 자만이 읽을 수 있는 비법서. 전달의 달인이 정리한 5가지 마법의 전달법이 적혀 있습니다.

전달의 달인 마법 아이템

전달의 달인 지팡이

지팡이를 한 번 휘두르면, 모두의 생각과 아이디어가 눈 깜짝할 사이에 전달될 수 있는 형태로 대변신!

마법의 전달법
아이템 가방

마법의 전달 방법에 꼭 필요한 많은 아이템이 들어있습니다. 가방 속 내용물은 아직 비밀이에요!

14   마법의 말을 전하는 법

지혁		초등학교 6학년
좋아하는 과목	체육, 급식	
좋아하는 것	축구, 게임	
성격	반에서 활기찬 친구	

사람들 앞에서 이야기하는 것을 좋아해
요 ! 분위기를 띄우는 것도 잘해요 !
하지만 수업 발표는 조금 어려워요 .

 축구 주장으로서 더 잘
말하고 싶어!!

유니		초등학교 6학년
좋아하는 과목	국어, 음악	
좋아하는 것	독서, 패션	
성격	상상하는 것을 좋아함	

글을 읽는 것도 쓰는 것도 좋아하지만
사람들 앞에서 발표하는 것은 부끄러워
서 잘하지 못해요 .

 더 많은 내 의견을 발표
할 수 있게 되고 싶어.

지은		중학교 2학년
좋아하는 과목	국어, 영어	
동아리 활동	방송부	
성격	항상 에너지가 넘침	

 최근 학교에서 프레젠테
이션 기회가 많아졌어.
더 잘하고 싶어.

1

전달하는
마법

~프레젠테이션의 의미~

프레젠테이션은 우리말로 흔히 발표라고 알고 있지만, 사실 프레젠테이션은 발표, 제안, 설득 등을 포괄하는 개념입니다. 이 말 들어본 적 있나요? 처음 듣는 친구들도 있을 것입니다. 어른들만 하는 거라고 생각해서 나와는 상관없다고 느낄 수도 있습니다.

사실 프레젠테이션은 우리 주변에 많습니다. 수업 시간에 발표하기, 조사한 내용을 정리해서 발표하기, 반 회의에서 자신의 생각을 말하기도 모두 프레젠테이션입니다.

동아리 활동이나 위원회에서 보고하기, 가고 싶은 학교의 면접,

부모님께 무언가를 사달라고 부탁하는 것도 다 프레젠테이션입니다. 많죠? 프레젠테이션이란 내 생각이나 아이디어를 다른 사람이 쉽게 이해할 수 있게 전달하는 기술입니다.

우리 생활은 항상 누군가와 소통하며 이루어집니다. 그 소통의 횟수는 어른이 될수록 많아지고, 프레젠테이션의 중요성도 커집니다. 즉, 프레젠테이션은 앞으로 우리에게 정말 중요한 것이에요. 그래서 지금 배우는 거랍니다.

point

우리의 인생은 프레젠테이션으로 이루어져 있습니다!

프레젠테이션은 인생의 중요한 순간에 사용하는 거야.

프로포즈

상품 소개

상담

자기소개

사회인

프레젠테이션은 중요해!

이것도 저것도

2 │ "여기 모여!"로 꿈을 이루다

　뭔가를 해보고 싶다고 생각했을 때, 혼자서 할 수 있는 일에는 한계가 있습니다. 그래서 다른 사람에게 도움을 요청하거나, 자신의 마음을 전달해 친구들을 모으거나, 자기 생각을 상대에게 말해 보는 것... 바로 이때가 프레젠테이션을 할 때입니다.

　"내 생각은 이래." "이런 아이디어가 있어." "함께 해보자, 어때?" "제발 부탁해!"
　이렇게 자신의 마음이나 생각을 다른 사람에게 전하는 것입니다. 마치 놀이터에서 친구들을 모으듯 "여기 모여!" 하며 손짓하는 것처럼, 프레젠테이션도 그런 것입니다.

프레젠테이션이 잘 되면, 여러분이 하고 싶었던 것들을 실제로 할 수 있게 됩니다. 그렇게 하려면 필요한 친구들이나 좋은 환경도 생겨납니다.

그래서 프레젠테이션은 꿈을 이루게 하는 도구인 셈입니다. 나의 마음이나 아이디어가 많은 사람에게 알려지고, 그 아이디어를 좋아하는 사람이 많아질수록, 더 큰 일을 해낼 수 있습니다.

여러분은 프레젠테이션을 통해 어떤 꿈을 이루고 싶은가요?

point

전달함으로써 꿈이 이루어집니다!
프레젠테이션은 꿈을 이루는 도구입니다.

3 | 꿈을 이루는 프레젠테이션, 최종 목표

　자신의 생각이나 아이디어를 누군가에게 프레젠테이션을 함으로써 꿈을 이룰 수 있습니다! 하지만, 그저 전달하는 것만으로는 부족합니다.

　프레젠테이션의 주인공은 전달하는 사람(나)과 듣는 사람(상대방)입니다. 그리고 프레젠테이션에서 결정적인 역할을 하는 것은 전달한 후 상대방의 반응입니다.

　여기서 지혁이와 유니의 경우를 살펴볼까요?

> **질문**　프레젠테이션을 한 후, 상대방이 다음과 같은 반응을 보인다면 어떨까요? 꿈이 이루어졌다고 말할 수 있을까요?

정답 상대방이 "이해했다"고만 말한다고 꿈이 이루어지지 않아요.

게임을 사달라고 조르거나, 원하는 학교의 면접 때도 상대방이 "이해했다"고 해서 프레젠테이션이 성공한 것은 아닙니다. 실제로 게임을 사주는 것이나 합격 통지로 이어졌을 때야 비로소 꿈이 이루어졌다고 할 수 있습니다.

즉, 프레젠테이션을 통해 꿈을 이루기 위해서 필요한 것은 프레젠테이션을 들은 상대방이 그것을 계기로 행동해 주는 것입니다.

여러분이 누군가에게 무언가를 전달할 때, 제대로 전달되었을 것이라고 생각해서 상대방에게 이해를 바라는 경우가 자주 있을 겁니다. 하지만, 이것은 프레젠테이션의 중간 목표일 뿐입니다.

여러분이 추구해야 할 최종 목표는 이해를 넘어선 상대방의 행동입니다. 즉, 프레젠테이션이란 자신의 생각이나 아이디어를 상대방에게 이해하기 쉽게 전달하고, 행동하도록 하는 기술이라고도 할 수 있습니다. 그렇다면 어떤 프레젠테이션이 최종 목표를 달성할 수 있을까요?

point

프레젠테이션의 최종 목표는 상대방의 행동입니다.
그래서 미래가 움직이고 꿈이 이루어지는 것입니다!

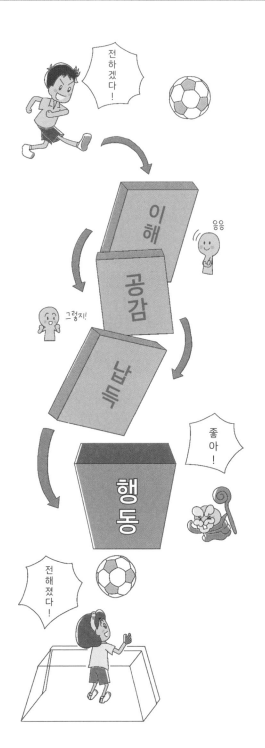

4 | 세상에서 오직 자신만이 가지고 있는 것

많은 사람 앞에서 발표나 보고를 할 때, 자신만의 생각이나 마음을 전달할 때, 주변 사람들이 어떻게 생각할지 걱정되지 않나요?

"조금 부끄럽네…"
"다른 사람들 의견이 더 옳을지도…"
"누군가에게 뭐라고 지적받으면 어떡하지…"

이런 경험은 누구나 한두 번쯤은 있을 거예요.

자신만의 생각이나 아이디어를 다른 사람에게 전하는 것, 그것이 정말 부끄러운 일일까요? 다른 사람과 다르면 창피한 일일까요?

⚲ 어떤 정보가 가치가 있을까요?

예를 들어, 문화제의 기획을 반에서 생각할 때, 다음 두 가지 아이디어가 나왔다고 해봅시다.

> Ⓐ 반 친구들의 찬성을 얻을 수 있을 것 같은 아이디어
> Ⓑ 지금까지 없었던, 아무도 생각하지 못할 것 같은 새로운 아이디어

이런 경험은 누구나 한두 번쯤은 있을 거예요.

투표를 하면 Ⓐ쪽에 표가 몰릴 수 있습니다. 반면에 Ⓑ는 새로운 아이디어이기 때문에 아무의 찬성도 얻지 못할 수도 있지만, 독특하기 때문에 오히려 찬성을 얻을 수도 있습니다. Ⓑ의 아이디어는 전달해보지 않으면 알 수 없는 그런 가능성을 간직하고 있습니다.

이제, 야구에 관한 두 가지 정보를 비교해 봅시다.

> Ⓐ 야구 규칙과 유명 선수에 대한 정보
> Ⓑ 소속된 야구 팀에서의 잊을 수 없는 추억

처음 보면 Ⓐ이 더 가치가 있다고 생각할 수도 있습니다. 하지만, Ⓐ는 인터넷에 넘쳐나는 정보입니다. 반면에 Ⓑ는 여러분만이 가지고 있는 것입니다.

야구에 대한 지식을 얻는 것보다도, 여러분이 실제로 경험한 에피소드나 마음에 남는 추억이 사람의 마음을 움직이고 누군가에게 행동을 촉구하는 강한 힘을 가질 수 있습니다.

자신에게만 있는 것

여러분만이 들려줄 수 있는 이야기가 있습니다. 그것은 여러분에게는 평범한 아이디어나 경험일지 몰라도, 다른 사람에게는 '보물'이 될 수 있습니다.

그렇기 때문에 발표나 프레젠테이션에서 상대방의 반응이나 의견에 휩쓸리거나 자신의 생각이나 아이디어를 억누르는 것은 정말 아까운 일입니다.

여러분 안에 있는 것은 세상 어디에서도 찾을 수 없는 여기만의 것입니다. 그러니 용기를 내어 그것을 전달해보세요.

프레젠테이션에서 가장 중요하게 여겨야 할 것은 바로 나 자신입니다. 프레젠테이션은 언제나 여러분이 전하고 싶은 자신으로부터 시작됩니다. 그 생각이 사람을 움직이는 것입니다.

사람들과 다른 정보일수록 의외로 가치가 있을 때가 많습니다!

point

자신 안에만 있는 생각과 아이디어야말로
보물입니다.

5 | 프레젠테이션 자전거 해부!

프레젠테이션에서 중요하게 생각해야 할 것은, 발표하는 나 자신의 생각과 아이디어입니다. 그것이 바로 상대를 움직이는 힘이라고 전했죠. 하지만, 자신이 전하고 싶은 것을 단순히 일방적으로 상대방에게 전달하는 것으로 충분하지는 않습니다.

자신의 생각이나 아이디어가 중요한 것처럼, 상대방에게도 존중해야 할 생각과 아이디어가 있습니다. 즉, 자신의 프레젠테이션을 상대가 받아들이도록 하기 위해서는 나와 상대의 균형이 매우 중요합니다.

이 균형은 자전거의 앞바퀴와 뒷바퀴 관계와 비슷합니다. 앞바퀴를 나로, 뒷바퀴를 상대방으로 생각해 보세요.

앞바퀴는 나의 전하고 싶은 마음

프레젠테이션에서 빼놓을 수 없는 것은 우선 나의 "전하고 싶다!"는 마음입니다. "감동했다!", "정말 좋아!", "재밌어!"라는 감정이 강할수록 전하고 싶은 메시지가 분명해지고, 상대를 움직이는 원동력이 됩니다.

뒷바퀴는 상대방에 대한 상상력

다음으로 중요한 것은 상대방입니다. 우리 각자는 다른 생각이나 입장을 가지고 있습니다. 그렇기 때문에 상대방을 상상하고, 상대방에 맞추어 전달하는 것이 중요합니다. 상대를 위한 제안이나, 받아들이기 쉬운 전달 방식의 고민을 통해 메시지가 전달됩니다.

이렇게 나의 전하고 싶은 마음이라는 앞바퀴와 상대방에 대한 상상력이라는 뒷바퀴를 균형있게 회전시키면서, 프레젠테이션 자전거를 앞으로 나아가게 하는 것입니다.

앞바퀴   뒷바퀴

프레젠테이션 자전거를 앞으로 나아가게 하는 바람의 힘

"큰 소리로 발표하자", "몸짓을 함께 사용하자", "반드시 이유를 넣자"와 같은 전달 방법의 요령이나 기술을 들어본 적이 있나요?

프레젠테이션에는 이런 종류의 요령이나 기술이 수백 가지가 있습니다. 이런 것들을 익히는 것은 여러분이 말을 잘하는 사람이 되기 위해 꼭 필요한 요소입니다. 이러한 요령이나 기술의 효과는 매우 효과적입니다! 이 책에서도 그 중 몇 가지를 소개할 예정입니다.

하지만, 이러한 기술들만을 추구하고 정작 프레젠테이션 내용에 말하는 사람의 진심이 담겨 있지 않다면 어떨까요? 청중을 고려한 표현이나 내용이 아니라면 어떨까요?

아무리 유창하게 잘 말하고, 아무리 훌륭한 자료를 사용해도, 안타깝게도 상대의 행동으로 이어지는 프레젠테이션이 되지는 않을 것입니다.

프레젠테이션의 요령이나 기술들은 프레젠테이션 자전거를 앞으로 좀 더 쉽게 나아가게 하는 순풍과 같은 역할을 합니다. 이 바람은 탄탄한 프레젠테이션 자전거의 차체가 있어야만 효과를 발휘할 수 있습니다.

여러분에게는 먼저 이 프레젠테이션 자전거의 두 바퀴를 키우는 것을 알려드리겠습니다. 이것이 바로 마법 같은 전달법의 가장 기초가 되는 부분입니다.

point

프레젠테이션은 자신이 전하고 싶은 마음과
상대방에 대한 상상력의 균형으로 이루어져 있습니다.

말 잘하는 사람이 되려면?

말을 잘하게 되려면 어떻게 해야 할까? 연습뿐이지! 실전 경험이 전부야! 물론 그것들도 중요하지만, 그보다 오늘부터 할 수 있는 중요한 일이 있습니다. 그것은 다른 사람의 말을 관찰하는 것입니다.

그 이유는 바로 본보기를 찾기 위해서입니다.

우리 주변에는 많은 말하는 방식의 본보기가 넘쳐납니다. 다른 사람의 말을 듣다가 잘한다, 이해하기 쉽다고 느낄 때, 그 사람의 말하는 방식을 잘 관찰해보세요. 그게 내용 때문일까요? 아니면 말하는 속도일까요? 그런 요소들을 생각해보며 따라하고 싶은 점을 하나라도 적용해보는 것을 추천합니다.

반대로, 이 사람의 말은 좀 이해하기 어렵네라고 느낄 때도, 기회입니다. 이 경우, 자신이 말할 때의 개선할 힌트로 삼아보세요! 말하기를 잘하기 위한 학습의 기회는 일상 속에 있습니다. 안테나를 세우고, 잘 관찰해보는 것을 추천합니다.

자, 다음 장부터 프레젠테이션 만들기를 구체적으로 배워볼게

요! 먼저, 프레젠테이션 만들기의 마법의 레시피를 여러분에게 소
개합니다!

프레젠테이션 만들기 마법의 레시피

이 작업은 상대방에게 줄 선물을 고르는 것과 같아.

Chapter 2

무엇을 전할까?

상대방이 어떻게 되기를 바라나요?

아이디어

생각 감정 의견

1

무엇을 전할까?

메시지 만들기 방

청중을 상상하다

주제를 정하다

이야기를 설계하다

전하고 싶은 선물을 엄선해! 정리하는 거야.

Chapter 3

늘릴까? 좁힐까?

어떻게 정보를 구성해야 잘 전달될까?

2

어떻게 구성할까?

정보 정리 방

정보를 정리하다

이야기의 흐름을 정리하다

Chapter 4

이 사진도 보여주자!

더 이해하기 쉽게 전달하려면?

선물을 포장하는 거야! 눈으로도 전달할 수 있게 하는 거야!

스토리보드를 만들다

프레젠테이션 자료를 만들다

정보를 시각화하다

3

어떻게 보여줄까?

자료 만들기 방

프레젠테이션은 상대에게 생각이나 아이디어를 전달하는 것입니다. 선물을 전달하는 것과도 어디인가 비슷하군요.

프레젠테이션은 우리 모두의 일상에 가득 차 있으며, 이를 마스터할 수 있다면 앞으로 꿈을 이룰 수 있을 거예요! 프레젠테이션의 중요성을 이해하셨나요? 자, 이제부터는 프레젠테이션 만들기의 구체적인 방법으로 들어가겠습니다! 연습 활동도 있으니, 노트와 연필을 준비하고, 함께 배우며 실습해봅시다! CHAPTER 2입니다!

CHAPTER 2

메세지의 마법

~ 무엇을 전할까 ? ~

1 | 단순히 전달하는 것만으로는 전해지지 않는다

질문

둘 다 어딘가 곤란한 모습이네요.
여러분도 비슷한 경험을 해본 적이 있나요?

시간 초과 양

두 사람의 학교에서의 발표 모습을 마법의 돋보기로 살펴보았습니다.

마음속에는 분명 전하고 싶은 것이 있는데, 막상 사람들 앞에서 발표하려고 하면 왜인지 잘 되지 않았던 경험, 이는 어른들에게도 흔한 일입니다.

사실, 이런 상황이 발생하는 이유는 전달하고 싶은 것이 사전에 잘 정리되어 있지 않았기 때문입니다. 여기에 바로 프레젠테이션 능력을 향상시키는 열쇠가 숨어 있습니다.

예를 들어, 아무리 뛰어난 목수라도 머릿속에만 있는 이미지로는 집을 지을 수 없습니다. 설계도를 그리고, 재료나 크기를 정리하고, 어떤 순서로 집을 지을지 결정한 다음에야 집짓기를 시작합니다.

프레젠테이션도 똑같습니다. 머릿속에서 생각한 것을 그저 말로만 전한다고 해서 상대방에게 제대로 전달되지 않습니다. 필요한 것은 이야기의 설계도입니다.

사람들 앞에서 말하는 것이 어려운 사람에게 특히 추천하고 싶은 것은 설계도입니다. 전하고 싶은 것을 미리 생각해보고, 정리하는 것이 중요합니다.

point

전달력 있는 말하기의 비결은 사전에 작성하는
이야기의 설계도에 있습니다!

2 | 프레젠테이션의 핵심은 이야기의 순서

이제 이야기의 설계도를 살펴보겠습니다.

설계도를 만드는 핵심 포인트는 단 하나! 바로 이야기의 순서입니다.

어디서부터 이야기를 시작하고, 어떤 이야기로 끝맺을지를 생각하는 것만으로도 여러분의 프레젠테이션이 훨씬 더 좋아질 것이라고 약속드립니다.

우선 이야기의 순서가 다른 두 가지를 비교해 보겠습니다.

 질문 **어느 이야기가 더 이해하기 쉬울까요?**
○○파출소에서 "큰일났어요! 경찰 아저씨!"

 A 군

지갑을 잃어버렸는데, 파출소에 분실물로 들어 온 것이 있는지 여쭤보고 싶습니다. 아침에 집을 나설 때 가방 안에 있었고, 그 후 X 편의점에서 주스를 살 때와 Y 역에서 기차를 탈 때 지갑을 사용했습니다. 그 두 곳 중 한 곳에서 잃어버린 것 같습니다.

B 양 아침에 가방 안에 지갑을 넣고 집을 나섰습니다. 그 후, X 편의점에서 주스를 살 때와 Y 역에서 기차를 탈 때 지갑을 사용했습니다. 그 두 곳 중 어디에서인가 지갑을 떨어뜨린 것 같은데, 파출소에 분실물로 들어 온 것이 있나요?

그럼, 어느 이야기의 순서가 더 이해하기 쉬울까요?

답변 **A군의 방식이 더 이해하기 쉽습니다.**

"분실물로 들어온 것이 있나요?"라는 전하고 싶은 내용이 이야기의 시작에 있기 때문입니다. A군의 이야기는 시작에 전하고 싶은 내용(=결론)이 있어서, 듣는 사람은 무슨 이야기인지를 알고 들을 수 있었습니다. 반면, B양의 이야기는 단지 시간의 흐름에 따라 사건을 이야기하고 있어, 결론이 잘 보이지 않는 방식이었습니다.

즉, 완전히 같은 내용을 이야기하더라도, 어떤 순서로 이야기하는지가, 듣는 사람의 이해도를 크게 좌우한다는 것입니다.

설계도의 포인트는 바로 이야기의 순서입니다!

어떤 순서로 말하는지가 매우 중요합니다!

프레젠테이션 시간이나
말하는 양이 늘어날수록,
이 순서는 중요해집니다.

point

프레젠테이션의 이해도를 결정하는 열쇠는
이야기의 순서입니다!

3 | 이야기 설계도 무왜예행 시트

이야기가 전달되는 데 중요한 것은 이야기의 순서였습니다. 여기 이야기의 순서를 정리할 수 있는 이야기 설계도 시트를 드리겠습니다.

그 이름은 무왜예행 4단계 시트입니다. 프레젠테이션에서 말해야 할 4가지 항목의 첫 글자를 뽑아, 말할 순서대로 배열해 무엇을·왜·예를 들어·행동이라고 이름 붙였습니다. 사용법은 매우 간단합니다. 이 첫 글자 순서대로 전달하고 싶은 내용을 적기만 하면 됩니다.

마법의 아이템 무왜예행 시트입니다.

무 무엇을	
왜 왜	
예 예를 들면	
행 행동	

그 첫 글자는 다음 4가지입니다.

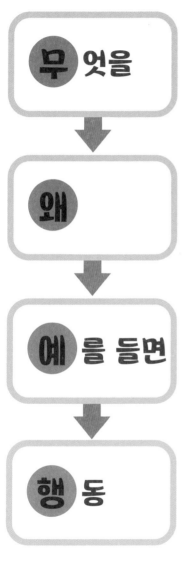

사람들 앞에서 발표나 프레젠테이션을 할 때는, 다음 페이지의 이야기 설계도 시트에 말하고 싶은 내용을 적고, 위에서부터 순서대로 말하기만 하면 됩니다.

무엇을·왜·예를 들면·행동의 순서로 말하기만 해도, 상대방에게 이해하기 쉽게 전달됩니다. 무엇을 말할까? 어떻게 전달할까? 시트를 사용해서 말하고 싶은 것을 정리해 보세요.

아래에는 무왜예행이 여러분의 설계도 만들기를 안내합니다.

무왜예행이리는 마법의 주문으로 이야기의 순서를 기억해 봅시다!

항목	내용	예
무 무엇을	이야기의 주제와 전체적인 모습	제가 전할 것은 ○○에 관한 것입니다.
왜 왜	이야기를 전하고 싶은 이유	왜 전하고 싶냐면, 그것은 ○○ 때문입니다.
예 예를 들면	비유나 구체적인 예	예를 들어/구체적으로 ○○입니다.
행 행동	상대방에게 행동을 요구하는 것	꼭 ○○을/를 해주세요.

이 순서대로 전해나가면 됩니다!

point

전달력이 확 달라지는 말하기 방법

"무엇 → 왜 → 예를 들어 → 행동"의 순서로 말해보세요.

4 | 무왜예행 연습은 프레젠테이션 달인으로 가는 길

그럼 실제로 4단계 시트를 사용해서 프레젠테이션 설계도를 만들어봅시다.

친구들에게 자신이 좋아하는 것을 프레젠테이션(소개)한다고 가정하고, 프레젠테이션의 흐름을 만들어봅시다.

연습

자신이 좋아하는 것을 프레젠테이션으로 소개하기

① 소개하고 싶은 것을 하나 골라주세요

② 이야기의 흐름을 4단계 시트에 적어봅시다

써놓은 시트를 보면서, 친구들에게 좋아하는 것을 소개해 보세요.

무왜예행 시트

소개하고 싶은 것 「 」	
무 무엇을	
왜 왜	
예 예를들어	
행 행동	

복사해서 작성해보세요 !

자, 지혁이와 유니도 설계도가 완성된 것 같네요.

지혁의 '내가 좋아하는 게임 소개 프레젠테이션'	
무 무엇을	내가 좋아하는 마인드 크래프트 게임의 매력에 대하여
왜 왜	머릿속에서 상상한 것을 게임 공간에 자유롭게 만들 수 있다는 것을 알리고 싶기 때문입니다.
예 예를들어	현실에서는 어렵지만 많은 것을 만들 수 있습니다. 예를 들어, 하늘에 떠 있는 역이나 유리로 된 건물 등이 있습니다.
행 행동	꼭 여러분도 이 게임을 해보길 바랍니다.

유니의 '가족 캠핑 소개 프레젠테이션'	
무 무엇을	추천하고 싶은 캠핑에 대해서
왜 왜	가족과 함께 자연 속에서 보내는 캠핑은 가족 간의 유대감을 더욱 깊게 해주기 때문입니다.
예 예를들어	모두 함께 캠프파이어를 둘러앉으면 평소에 쉽게 하지 못했던 이야기로 분위기가 무르익습니다.
행 행동	먼저 간편한 당일치기 캠핑부터 시작해보세요.

무왜예행 시트에 써놓은 내용을 위에서부터 순서대로 말하기만 하면, 자신이 좋아하는 것에 대해 소개하는 미니 프레젠테이션이 완성됩니다.

다양한 상황에서 사용할 수 있는 무왜예행

다른 상황에서도 마찬가지로 무왜예행를 사용할 수 있습니다.
예시를 들어두었습니다.

협상 : 지혁의 용돈 인상	
무 무엇을	용돈을 ○천 원으로 올려주세요.
왜 왜	6학년이 되어 친구들과 다양한 경험을 하고 싶기 때문입니다.
예 예를들어	구체적인 사용 계획도 있습니다. 모두 함께 영화도 보고 낚시도 하고 싶습니다.
행 행동	먼저 시험적으로 1개월간, 다음 달부터 용돈을 올려주세요.

제안 : 유니의 문화제 기획	
무 무엇을	추억 앨범 프로젝트를 제안하고 싶습니다.
왜 왜	초등학교 생활의 마지막 추억이 될 만한 이벤트로 만들고 싶기 때문입니다.
예 예를들어	구체적으로는 6년간의 추억을 담은 앨범 코너를 만들고, 모두에게서 모은 사진과 일기를 전시하는 것입니다.
행 행동	기획에 찬성한다면, 꼭 이 기획에 투표해 주세요.

무왜예행 시트는 수업 발표, 아이디어 제안, 일기나 작문에서도 활용할 수 있습니다.

누군가에게 무언가를 전하기 전에 머릿속을 정리하는 데 무왜예행 시트를 사용해 보세요.

point

무왜예행 시트를 사용하면, 다양한 프레젠테이션이 더 잘할 수 있을 것입니다.

5 | 자신의 말로 말하자

여기서, 54페이지의 작업에서 여러분이 작성한 무왜예행 시트를 다시 한번 잘 살펴봅시다. 프레젠테이션 자전거의 앞바퀴인 자신이 전하고 싶은 마음이 그곳에 표현되어 있나요?

> 질문
> 무왜예행 시트에 "기쁘다", "즐겁다", "재미있다" 이런 말들로만 가득 차 있지 않나요?

"기쁘다", "즐겁다", "재미있다"… 이런 말들은 정말 편리한 단어입니다. 하지만, 편리한 단어일수록 누구나 너무 많이 써서, 자신만의 개성이 조금 부족한 빌린 말이라고 할 수 있습니다.

프레젠테이션은 자신이 전하고 싶은 마음을 담기 때문에 상대방의 마음을 움직이고 행동으로 이어집니다. 그런 마음이 전해지는 말을 사용해봅시다.

자신만이 가진 감정, 자신만의 경험, 자신이기 때문에 전할 수 있는 아이디어, 그런 자신의 말을 프레젠테이션에서 꼭 표현해보세요.

자신만의 말이란 무엇일까요?

자신만의 말이 무엇인지 정확히 이해하기 어려울 수 있습니다.

그래서 여기서는 실제로 자신이 좋아하는 것에 대해 프레젠테이션을 했던 초등학생의 자신만의 말을 소개하겠습니다.

【예】자신이 좋아하는 레고에 대해 프레젠테이션을 한 남자 초등학생의 자신만의 말:

"레고가 재미있는 이유는 내 머릿속 설계도를 형태로 만들 수 있다는 것입니다!"

자신만의 말이라고 해서 새로운 말을 만들자는 것은 아닙니다. 실제로 여러분의 프레젠테이션에서 자신의 말을 찾아보는 것입니다.

【예】영어의 재미에 대해 이야기한 여자 초등학생의 자신만의 말:
"영어는 우리말과 비교해 불과 26개의 알파벳만으로 이뤄져 있어서, 그래서 간단합니다!"

발표자의 그 사람다움이나 자신만의 시각, 과거의 추억과 연결된 자신만의 말은 빌린 말과 비교할 때, 그 사람다움이 더욱 뚜렷하게 보입니다. 더 듣고 싶게 만드는 힘이 있습니다.

그래서 마음에 닿고, 듣는 사람의 기억에도 남는 프레젠테이션이 되는 것입니다.

둘 다 자신의 경험과 시각에서 나온 독특한 자신만의 말입니다.

point

빌려온 말이 아닌 자신만의 말을 사용합시다!

6 | 자신만의 말을 찾는 파헤치기 작업

자신만의 말은 사전을 뒤져서 찾을 수 있는 것이 아니며, 단어를 많이 아는 것만이 자신만의 말로 가는 지름길도 아닙니다.

프레젠테이션에서 전하고 싶은 감정, 나만의 추억이나 에피소드 등, 자신만의 말은 내 안에 있습니다. 많은 질문을 던지고, 파헤쳐서 그 깊숙한 곳에서 찾아낼 수 있습니다.

자신만의 말은 본인만이 찾을 수 있는 거야.

자기만의 말

여기서는 자신만의 말을 찾아내기 위한 몇 가지 방법을 소개하겠습니다.

방법 1

"기쁘다", "즐겁다", "재미있다"는 말은 금지

이 표현들을 사용하지 말고, 다른 표현에 도전해 봅시다. 어떻게 기뻤는지, 어떤 식으로 즐거웠는지, 어디가 재미있었는지 말로 표현해 봅시다.

방법 2

사실에 생각을 더하기

조사 학습의 발표나 자신이 알고 있는 것을 소개할 때 조사한 사실이나 지식도 중요하지만, 그것들에 대한 자신의 생각이나 느낌도 함께 더해 보세요.

방법 3

왜를 더욱 깊게 파고들기

무왜예행의 왜에도 자신만의 말이 숨어 있습니다. 왜 이 주제를 프레젠테이션에서 전하려고 했는지, 자신의 동기, 계기나 추억 등을 깊이 파헤쳐 봅시다.

프레젠테이션에서 어떤 정보를 전달할지는 물론 중요합니다. 하지만 그것만으로는 여러분이 전하려는 메시지가 충분히 전달되지 않습니다.

나만이 말할 수 있는 생각과 감정, 아이디어, 추억, 경험 같은 자기만의 말이야말로 나만이 전할 수 있는 것입니다. 그리고 이러한 것들은 청중을 감동시키는 힘을 가지고 있습니다.

point

자신다운 프레젠테이션의 비결은
자신만의 말입니다.

7 | 15초 설명 챌린지

계속해서, 프레젠테이션 자전거의 뒷바퀴인 상대방에 대한 상상력에 대해서도 이야기해 봅시다.

예를 들어, 상상해 보세요.

 다음 세 유형의 사람들에게 어떤 게임에 대해 설명합니다. 같은 설명 방식으로 괜찮을까요?

Ⓐ 이 게임을 해본 적이 있는 사람
Ⓑ 이 게임을 해본 적도 없고, 게임 이름조차 모르는 사람
Ⓒ 아예 게임에 반대하거나 게임을 어려워하는 사람

 동일한 설명으로는 전달되지 않습니다.

여러분도 상대방에 맞춰서 말하는 방식을 바꾸지 않나요? 게임에 대한 선호도, 경험, 그리고 지식에 따라 전하는 내용이나 방법을 적절히 바꿔야 합니다.

이것이 바로 상대방에 대한 상상력입니다.

여기서 가장 주의해야 할 점은, 설명하려는 것을 전혀 모르는 사람에게 이야기할 때입니다. 지식이 전혀 없는 사람도 이해할 수 있도록 단어의 의미를 정확히 설명하는 것이 중요합니다. 그렇지 않으면 프레젠테이션은 처음부터 잘못될 수 있습니다.

15초 안에 설명하기

그래서 오늘부터 도전해보길 바라는 것은 15초 설명입니다. 프레젠테이션의 시작에서 이야기의 중심이 되는 것에 대해 간단하고 짧은 시간 안에 설명해 보세요.

> 【예】게임 Minecraft(마인크래프트)에 대해 설명하기
>
> 마인크래프트는 블록을 사용해 건물이나 도시 등을 자신이 상상한 대로 만들 수 있는 게임입니다. 레고의 비디오 게임 버전이라고도 불립니다.

기능이나 외형, 줄거리 등을 전달하세요! 이해하기 쉬운 것에 비유하여 설명하는 것도 좋습니다!

미리 이러한 설명을 하고 나서, 자세한 내용이나 매력을 전달하면 처음 듣는 사람도 이해할 수 있습니다. 이렇게 청중의 지식이나 경험, 나아가 선호도와 생각을 상상하며 설명하는 것이 매우 중요합니다.

이 점을 고려하여 무왜예행 시트에 적은 내용을 다시 한 번 살펴봅시다. 이해하기 어려운 말은 없나요? 상대방에게 행동을 요청하기 위한 정보가 충분한가요? 청중의 머릿속에 궁금증이 생기지 않도록 검토해 봅시다.

point

단어의 의미를 처음에 설명하는 것만으로도
이해도가 크게 달라집니다.

8 | 프레젠테이션의 줄기를 잡자

【상급자용】

프레젠테이션은 종종 나무에 비유됩니다.

나무의 줄기는 나무의 중심에 있으며, 여기서 가지와 잎이 자라나는 중요한 부분입니다.
프레젠테이션도 마찬가지로 줄기가 중요합니다.

프레젠테이션의 줄기는 이 프레젠테이션에서 무엇을 전달하고 싶은가라는 이야기의 주제입니다. 이 줄기에 전달하고 싶은 이유나 관련된 이야기와 같은 가지와 잎이 붙어서 프레젠테이션이라는 하나의 나무가 완성됩니다.

그렇기 때문에 이 줄기가 흔들리면, 아무리 가지와 잎의 이야기를 덧붙여도 상대에게 전달되지 않습니다.

흔들리는 줄기　튼튼한 줄기

이야기의 줄기를 찾지 못하겠어요!

"처음 가는 곳에서의 프레젠테이션. 무슨 말을 해야할까?"

"왠지 이야기가 잘 정리되지 않는 것 같아."

이렇게 생각하며 "=프레젠테이션 준비가 잘 안 될 때는, 먼저 이 줄기를 찾는 것부터 다시 시작해 보세요. 다음의 세 가지를 정리하면 줄기가 명확해질 것입니다.

【예】이야기의 줄기를 찾는 3가지 W 연습 활동

WHO   누구에게

WHY   어떤 목적을 가지고

      (상대의 어떤 행동을 목표로)

WHAT 무엇을

전달하다

프레젠테이션의 대상과 목적을 정리하면, 무엇을 전달하고 싶은지에 대한 줄기 부분이 보이기 시작할 것입니다.

 ## 전달하고 싶은 것의 핵심

줄기를 찾을 때 중요한 것은, 많은 전달하고 싶은 것들 중에서 가장 전달하고 싶은 것입니다.

여러분의 무왜예행 시트를 보세요.

전달하고 싶은 것의 핵심은 무엇인가요?

동아리 발표에서 야구부의 매력을 소개한다면, 그 중에서 가장 큰 매력은 무엇인가요?

지구 환경 보호의 중요성을 전달한다면, 그 중에서 가장 전달하고 싶은 메시지는 무엇인가요?

프레젠테이션에서 중요한 것은 자신이 전하고 싶은 마음입니다. 그렇기 때문에, 전달하고 싶은 것의 핵심을 먼저 자신이 명확히 파악할 필요가 있습니다. 이 핵심 부분을 말로 표현할 수 있다면, 여러분의 생각은 상대방에게 잘 전달될 것입니다.

전달하고 싶은 것의 핵심을 찌르다

point

프레젠테이션이라는 나무의 중심에 해당하는,
줄기의 핵심을 잡으세요.

사람은 두 종류의 귀로 이야기를 듣는다

사람은 이야기를 들을 때 머리의 귀와 마음의 귀라는 두 종류의 귀를 사용합니다. 이것을 잘 이해할 수 있는 한 초등 남학생의 프레젠테이션 에피소드를 소개하겠습니다.

이 학생은 어머니에게 게임을 사달라고 프레젠테이션을 했습니다. 시간을 들여 게임의 규칙과 매력을 설명한 후, 마지막에 덧붙인 한마디가 결과를 갈랐습니다.

> 엄마가 일 때문에 늦게 귀가하실 때, 제가 혼자 있어도 외로워하지 않고 잘 있을 수 있는 건 게임 덕분이에요.

이 한마디를 듣는 순간, 어머니의 표정은 부드러워졌고, 남자아이는 무사히 게임을 사게 되었다고 합니다. 이해되나요?

게임의 규칙과 매력 같은 정보는 머리의 귀에, 이야기의 마지막에 덧붙인 마음은 마음의 귀에 닿은 것입니다. 즉, 두 종류의 귀란 바로 이런 것입니다.

머리의 귀

- 상대의 이야기나 아이디어를 이해하기
- 논리와 이치의 이해
- 문자나 숫자 정보를 다룸

마음의 귀

- 상대의 말에 마음이 움직여 공감하기
- 생각과 감정의 공감
- 장면이나 풍경, 추억을 다룸

우리는 이 두 종류의 귀를 모두 활용하면서 다른 사람의 이야기를 듣습니다. 머리로 이해하고 마음으로 공감할 때, 이 두 가지가 갖춰진 프레젠테이션이 이루어지면 청중의 행동으로 이어질 수 있습니다.

부왜예행이나 자기만의 말 등 중요한 것들을 많이 배웠습니다!

다음 CHAPTER 3에서는, 바로 머릿속을 정리하는 방법에 대해 다루고 있습니다. 이 방법은 책을 읽거나 공부할 때에도 사용할 수 있는 학습 방법입니다. 약간 어려운 내용도 포함되어 있지만, 한 번에 모두 이해하지 못해도 괜찮습니다. 이해할 수 있는 부분부터 차근차근 포기하지 말고 읽어나가세요.

CHAPTER

3

정보 트리의
마법

~ 어떻게 구성할까 ? ~

1 | 트리 도표로 정리하는 습관을 들이자

학년이 올라가면 프레젠테이션의 주제나 내용이 더욱 복잡해집니다. 예를 들어, 복잡한 정보를 전달하거나, 자신과 다른 생각을 가진 사람들에게 의견을 전할 때 등, 이러한 상황에서는 정보를 구조적으로 정리하고 논리적으로 전개하는 능력이 매우 중요합니다.

구조적? 논리적으로 전개? 조금 낯설게 들릴 수 있습니다. 이때 도움이 되는 것이 바로 머릿속 정리에 유용한 트리 도표입니다. 이제부터 이 트리 도표를 사용한 정보 정리 방법을 배워봅시다.

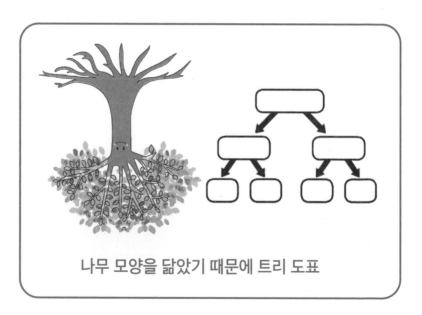

나무 모양을 닮았기 때문에 트리 도표

질문

어떤 이야기가 더 이해하기 쉬울까요?
두 가지 이야기 방식은 무엇이 다를까요?

A 군

제가 생각하는 인터넷의 좋은 점과 나쁜 점을 소개하겠습니다. 좋은 점은 다양한 정보를 얻을 수 있다는 것과 사람들과의 소통이 쉽다는 것입니다. 나쁜 점은 시간을 도둑맞는 것과 잘못 사용하면 위험할 수 있다는 점입니다.

B 양

저는 인터넷의 좋은 점은 다양한 정보를 얻을 수 있다는 것이라고 생각합니다. 나쁜 점은 시간을 많이 빼앗긴다는 점입니다. 또 하나 좋은 점은 사람들과의 소통이 쉽다는 것입니다. 하지만 잘못 사용하면 위험할 수 있다는 점은 좋지 않다고 생각합니다.

같은 방식의 이야기지만, 한 가지 차이점이 있습니다.

답변

A 군의 이야기가 더 이해하기 쉽습니다.
그 이유는 좋은 점과 나쁜 점을 구분해서
이야기했기 때문입니다.

A 군의 이야기는 아래와 같은 트리 도표로 나타낼 수 있습니다.

즉, 좋은 점과 나쁜 점이라는 그룹으로 정리되어 있었기 때문에 이해하기 쉬웠던 것입니다.

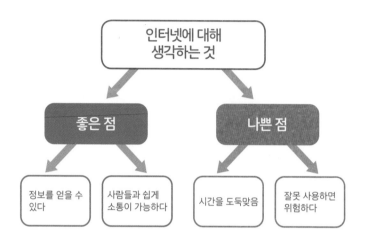

🎗 많은 정보를 어떻게 정리할까요?

또 하나의 예를 보겠습니다. 여기 10장의 카드가 있습니다. 이것들을 줄줄이 읽어도 정보는 머리에 잘 남지 않죠.

복어	가다랑어	포유류	조류	갈매기
어류	인간	생물	까마귀	개

그럼, 이것들을 그룹으로 나누어 트리 도표로 정리해 봅시다.

❶ 정보의 단위별로 카드를 ○, △, □로 표시합니다.

○는 생명체라는 가장 큰 단위, △는 포유류, 조류, 어류라는 종류의 단위, □는 인간, 복어...와 같은 구체적인 생물명 단위로 세 가지로 나누어 보았습니다. 이해되나요?

❷ ○, △, □를 그룹으로 나누어 트리 도표로 표현해 봅니다.

예를 들어...

● 생명체에는 포유류, 조류, 어류라는 그룹이 포함됩니다.
● 포유류 그룹에는 인간과 개가 포함됩니다.

※ 트리 도표의 하단 박스에는 구체적인 생명체의 이름을, 상단 박스에는 그것들을 묶은 그룹을 넣습니다. 그러면 아래와 같은 트리 도표가 됩니다.

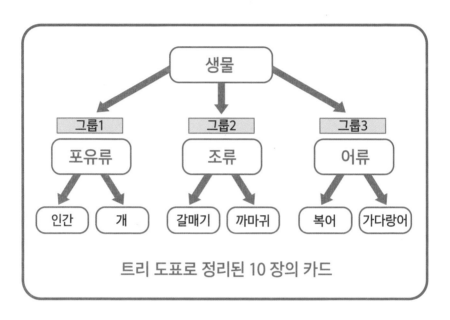

트리 도표로 정리된 10 장의 카드

우와~ 10개의 카드 정보가 훨씬 간단하게 정리되었어요!

❸ 트리 도표에 정리한 정보를 문장으로 표현합니다.

> 생명체는 포유류, 조류, 어류 등으로 분류됩니다. 포유류에는 인간과 개
> 가, 조류에는 갈매기와 까마귀가, 어류에는 복어와 가다랑어 등이 포함
> 됩니다.

이와 같이 트리 도표는 정보 정리의 강력한 도우미입니다. 프레
젠테이션 전에 많은 정보를 이해하기 쉽게 정리하거나, 이야기의
논리를 정리할 때 매우 유용합니다. 모두 함께 마스터해 봅시다.

point

이해하기 쉬운 정보 정리를 위해 트리 도표는
필수적입니다!

2 | 정보를 정리하는 트리 도표의 기본

여기서, 정보 정리의 기본이 되는 트리 도표의 유형을 배워봅시다.

【트리 도표를 만드는 방법】

- 위에서부터, 대, 중, 소 크기가 다른 세 종류의 박스를 놓고, 이들을 화살표로 연결합니다.
- 가장 아래의 박스에는 구체적인 정보를 넣습니다.
- 위의 박스에는 아래 박스의 정보를 묶은 그룹을 넣습니다.

와~ 그렇군요!

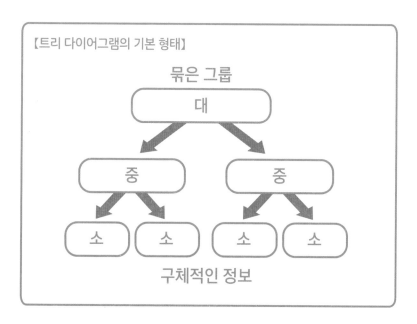

【트리 다이어그램의 기본 형태】

묶은 그룹

```
           대
         ↙    ↘
      중         중
    ↙  ↘      ↙  ↘
  소    소   소    소
```

구체적인 정보

자, 다음 페이지부터 구체적으로 살펴보겠습니다.

트리 도표를 잘 사용하려면 사물의 공통점을 찾아 그룹화하는 능력이 중요합니다! 조금 어려울 수 있지만, 함께 연습해 봅시다!

point

트리 도표의 기본을 확실히 마스터합시다!

3 | 트리 도표로 프레젠테이션을 단순하게 하자!
【상급자용】

여기부터는, 76페이지에 있는 지은의 방송부의 매력에 대한 프레젠테이션을 트리 도표를 사용하여 더 나아지게 만들어 봅시다.

트리 도표를 사용한 두 가지 방법으로, 내용이 많아 이해하기 어려웠던 이야기를 정리해 보겠습니다.

🎗 트리 다이어그램으로 정보 정리하기

 방법 1 전달하고 싶은 내용을 세 그룹으로 묶기

지은의 이야기에는 많은 방송부의 매력이 등장합니다. 하지만 정보가 단순히 나열되어 있기만 하면, 어수선한 인상을 주기 쉽습니다.

❶ 전달할 정보를 (1) 동료, (2) 기술, (3) 경험이라는 세 개의 그룹으로 묶어 트리 도표를 만듭니다.

【그룹으로 정리】

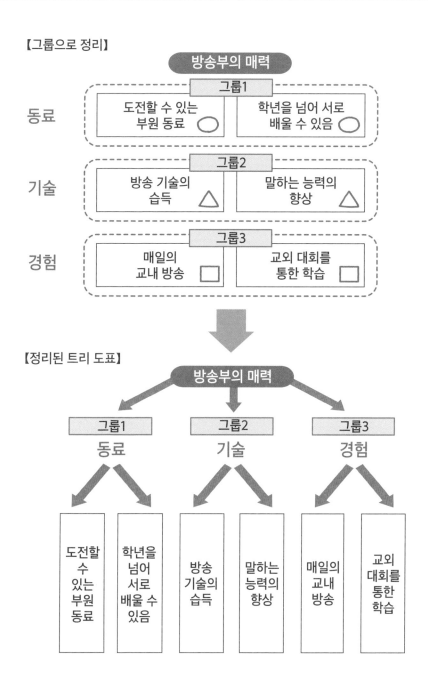

방송부의 매력

그룹1
동료
도전할 수 있는 부원 동료 ○
학년을 넘어 서로 배울 수 있음 ○

그룹2
기술
방송 기술의 습득 △
말하는 능력의 향상 △

그룹3
경험
매일의 교내 방송 □
교외 대회를 통한 학습 □

【정리된 트리 도표】

방송부의 매력

그룹1
동료

그룹2
기술

그룹3
경험

도전할 수 있는 부원 동료

학년을 넘어 서로 배울 수 있음

방송 기술의 습득

말하는 능력의 향상

매일의 교내 방송

교외 대회를 통한 학습

❷ 트리 도표에 정리한 내용을 문장으로 표현하면 다음과 같습
니다.

> 방송부의 매력은 크게 세 가지로 나눌 수 있습니다. 그 세 가지는 (1) 동
> 료, (2) 기술, (3) 경험입니다. 각각에 대해 설명하겠습니다.
> … (생략)

이것만으로도 이야기의 전체적인 구조를 알 수 있습니다.

방법 2 ▶ 전달하고 싶은 내용을 세 가지로 압축하기

정말로 전달하고 싶은 내용을 전하기 위해서는, 정보를 줄이는
용기도 필요합니다. 불필요한 부분을 줄임으로써 중요한 내용이
더욱 돋보이게 됩니다.

❶ 방송부의 매력 6가지를 과감하게 3개의 포인트로 압축하고,
트리 도표에 정리합니다.
압축한 포인트를 더욱 자세히 설명하기 위해 에피소드를 추가하
는 것도 좋습니다.

【포인트를 압축하기】

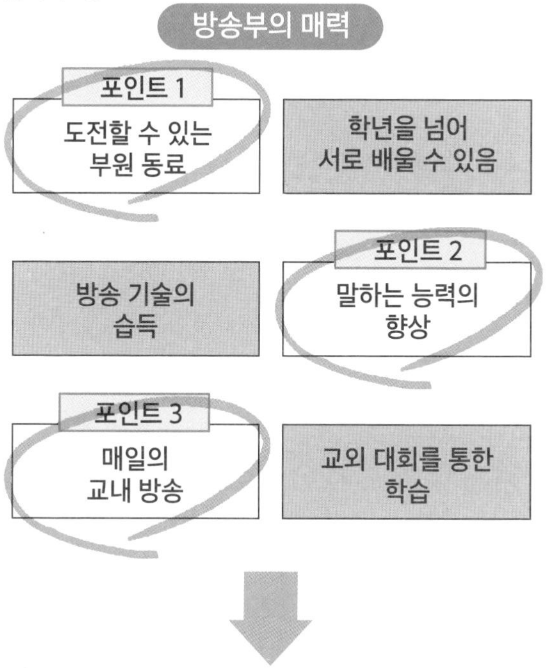

방송부의 매력

포인트 1

도전할 수 있는
부원 동료

학년을 넘어
서로 배울 수 있음

방송 기술의
습득

포인트 2

말하는 능력의
향상

포인트 3

매일의
교내 방송

교외 대회를 통한
학습

【정리된 트리 도표】

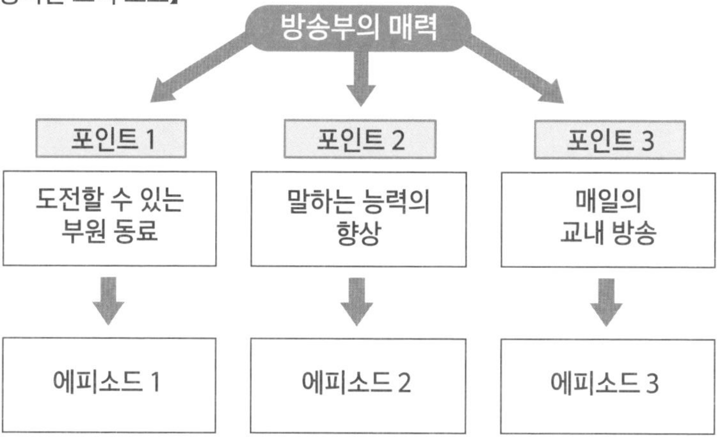

방송부의 매력

포인트 1	포인트 2	포인트 3
도전할 수 있는 부원 동료	말하는 능력의 향상	매일의 교내 방송
에피소드 1	에피소드 2	에피소드 3

❷ 트리 도표에 정리한 내용을 문장으로 표현하면 다음과 같습니다.

> 방송부의 매력에 대해 말씀드리겠습니다. 많은 매력 중에서도 오늘은 세 가지로 압축해서 이야기하겠습니다. 그것은... (생략)

어떻게 생각하시나요? 같은 내용이라도 트리 도표를 사용해 정리하면, 훨씬 이야기가 단순해집니다. 이 두 가지 방법을 사용하여 이해하기 쉽게, 청중이 확실히 정보를 받아들일 수 있는 프레젠테이션을 목표로 합시다.

트리 도표로 머릿속을 정리하는 거구나! 조금 어렵지만, 여러 번 연습해보자!

point

"정리하기", "압축하기"를 통해
트리 도표로 이야기의 구조를 단순하게!

4 | 숫자의 힘 ~매직 넘버 3~

정보를 간단하게 정리했다면, 다음은 트리 도표를 효과적으로 사용하는 요령을 알려드리겠습니다.

그것은 바로 숫자 3을 사용해 정리하는 것입니다.

앞서도 세 가지로 정리하고, 세 가지로 압축하는 방법을 소개했는데, 숫자 3은 프레젠테이션에서 "매직 넘버"라고 불립니다.

왜 숫자 3이 "매직 넘버"일까요?

청중과 발표자 각각에게 이유가 있습니다.

왜 숫자 3을 중시하냐면, 그것은 인간의 뇌 구조와 관련이 있습니다.

사실, 인간의 뇌가 가장 이해하고 기억하기 쉬운 정보의 개수는 3개라고 합니다. 따라서 많은 정보를 한 번에 전달하기보다는, 3개로 압축하는 것이 더 잘 전달됩니다.

뿐만 아니라, 발표자에게도 요점을 정리하기 쉬워진다는 장점이 있습니다.

즉, 숫자 3은 듣는 사람과 전달하는 사람 모두에게 최적의 숫자입니다. 전달하고 싶은 정보를 숫자 3을 활용하여, 트리 구조를 3가지로 정리하거나, 3개로 요약해 봅시다.

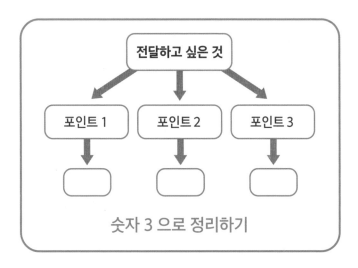

포인트 1
포인트 2
포인트 3

숫자 3 으로 정리하기

5 | 3단 트리로 설득력을 강화하자!

【상급자용】

　다른 생각이나 의견을 가진 사람에게 전달할 때는 이야기의 논리적 흐름이 매우 중요해집니다. 논리적 흐름이 있는 이야기란, 이유와 근거를 제시하면서 자신의 주장을 상대가 이해할 수 있도록 설명한 이야기를 말합니다.

　사람에게 길 안내를 할 때도, 경로를 한 단계씩 정성껏 설명하죠. 하나라도 안내가 빠지면, 상대는 목적지에 도달할 수 없습니다.
　프레젠테이션도 마찬가지입니다. 정성껏 자신의 주장이 전달될 수 있도록 이야기의 논리적 흐름을 만들어 가봅시다.

시작하기

목표

다음으로, 76페이지의 "숙제 폐지에 찬성? 반대?"라는 프레젠테이션을 트리 도표로 정리해 봅시다.

무왜예행의 순서에 따라 이야기하고 있지만, "숙제를 폐지"하자는 주장을 뒷받침하는 이유나 비유와 같은 예시가 하나뿐이라 설득력이 부족했습니다.

트리 도표로 이야기의 논리적 흐름 정리하기

방법 하나의 주장을 3가지 이유와
3가지 예로 뒷받침하기

❶ "숙제를 폐지하자"는 주장을 3가지 이유와 3가지 예시로 아래에서부터 뒷받침하여, 논리적 흐름을 강화해 나갑니다.

트리 도표의 줄기에 왜라는 가지를 두 개 더 추가하여, 견고한 트리 형태를 만든다고 생각하면 됩니다.

【논리적 흐름이 강화된 트리 다이어그램】

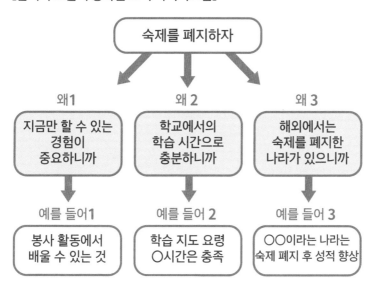

❷트리 다이어그램에 정리한 내용은 다음과 같은 문장으로 표현할 수 있습니다.

저는 숙제를 폐지해야 한다고 생각합니다.

그 이유는 세 가지입니다. **첫 번째 이유는** 지금밖에 할 수 없는 경험이 중요하기 때문입니다. **예를 들어,** 학생 시절의 자원봉사에서만 배울 수 있는 것들이 있습니다.

두 번째 이유는 학교에서의 학습 시간으로 충분하다고 생각하기 때문입니다. **구체적으로** 설명하자면, 우리는 주당 ○시간을 학교에서 공부하고 있으며, 이 시간만으로도 국가의 학습 시간 규정을 충족하고 있습니다.

세 번째 이유는 해외에서는 이미 숙제를 폐지한 나라들이 있기 때문입니다. 예를 들어, A국에서는 숙제를 폐지한 후 성적이 향상되었다는 통계 데이터도 보고되었습니다.

와, 뭔가 설득력이 생겼어요!

이야기에 더 설득력을 갖게 하고 싶을 때, 의견이 다른 사람에게 논리적으로 전달하고 싶을 때, 그런 때에는 무왜예행 시트에 더해, 3가지 이유와 3가지 예시로 자신의 주장을 뒷받침하여 이야기의 논리적 흐름을 강화합시다.

방법은 매우 간단합니다. 아래 그림처럼 위에서부터 아래로 대, 중, 소 박스를 채워 나가면 이야기에 논리적 흐름이 생깁니다.

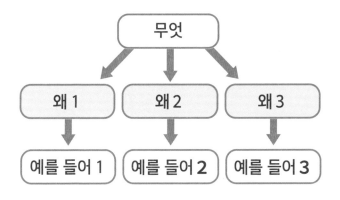

가장 위에서부터 무엇(주장) → 왜(이유) → 예를 들어(구체적인 예)의 순서입니다! 무왜예행의 무(무엇) → 왜(이유) → 예(예를 들어) 그 자체입니다.

point

대중소 3단 박스로 설득력 있는 이야기의 논리적 흐름을 만들 수 있습니다!

청중의 3대 질문을 공략하라!

【상급자용】

프레젠테이션을 하다 보면, 청중으로부터 자주 받는 질문들이 있습니다. 전국의 초중학생 프레젠테이션을 들어보면, 이 질문들은 크게 세 가지로 나뉜다는 것을 발견했습니다. 그 세 가지를 여러분에게 소개하겠습니다.

청중의 3대 질문은 이것입니다!

"즉, 무슨 말인가요?"
"왜요?"
"예를 들어?"

다음과 같은 상황에 공감할 수 있을 겁니다. 집에서 부모님께 공부를 열심히 하겠다고 선언했을 때 "예를 들어 뭘?"이라고 묻거나, 용돈을 올려달라고 부탁했을 때 "왜 필요한데?"라고 묻거나, 생각나는 대로 이야기를 했더니 마지막에 "즉, 무슨 말이 하고 싶은 거야?"라고 묻는 상황 말입니다.

이제 설명할 청중의 3대 질문의 원인과 공략법을 알게 되면, 이런 문제들이 모두 해결될 것입니다! 여러분의 프레젠테이션 능력이 한층 향상되는 비결이 될 것입니다!

사람마다 말하는 방식에는 그 사람만의 경향이 있습니다. 자주 받는 질문에 맞춰 공략법을 정리해보았습니다!

"즉, 무슨 말인가요?" 라고 자주 듣는 사람

- 결론이나 구체적인 예가 빠지기 쉽습니다.
- 이야기의 끝에 "즉", "정리하자면"이라는 한 마디를 덧붙여 보세요.

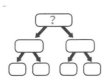

이야기의
줄기가 없다

"왜요?"라고 자주 듣는 사람

- 이야기의 주장을 뒷받침하는 이유나 근거가 빠지기 쉽습니다.
- 논리적 흐름을 정리하고, "왜냐하면"이라는 한 마디를 덧붙여 보세요.

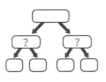

이야기의
가지가 없다

C

"예를 들어?"라고 자주 듣는 사람

● 이야기에서 구체적인 예시 등 현실감이 부족합니다.

● "예를 들어"라는 한 마디로 구체적으로 상상할 수 있게 해보세요.

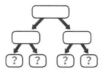

이야기의
잎이 없다

자신이 어느 경우에 해당하는지, 떠오르는 것이 있나요? 이야기하는 장소나 상대가 달라도 사람은 언제나 같은 이유로 실수를 하게 마련입니다. 자신의 경향을 파악하고 약점을 극복해보세요. 그러면 서로 더 잘 이해할 수 있을 것입니다.

CHAPTER 4

비주얼의
마법

~ 어떻게 보여줄까 ? ~

1 | 눈으로 얻는 정보는 귀로 얻는 정보보다 600배 더 많다

옛 속담에 "백문이 불여일견"이라는 말이 있습니다. 사람의 이야기를 여러 번 듣는 것보다 실제로 눈으로 보는 것이 더 잘 이해된다는 의미입니다.

만화의 지은이처럼 열심히 말로 설명해도 전달되지 않았는데, 실제로 물건을 보여주니 한순간에 이해되었던 경험이 있는 사람들이 많을 것입니다.

그리고 놀랍게도, 눈으로 얻는 정보는 귀로 얻는 정보의 600배라고도 합니다. 발표나 프레젠테이션에서도 무언가를 상대에게 "보여주는" 것으로 더 잘 전달할 수 있습니다.

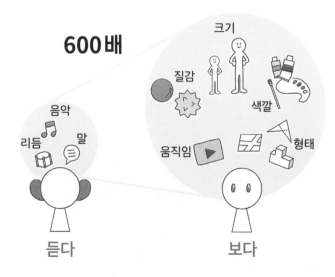

상대에게 이해하기 쉽게 전달하고, 행동하게 만드는 프레젠테이션에는 말뿐만 아니라 시각적으로 전달하는 방법도 필수적입니다. 함께 배워봅시다.

정보는 정확하게, 짧은 시간에 전달하는 것이 중요합니다! 그럴 때일수록 시각적으로 전달하는 방법이 필요합니다.

point

눈에 보이는 방법을 잘 활용해 봅시다!

2 | 시각적으로 전달하는 방법

시각적으로 전달하는 방법은 여러 가지가 있습니다.
그 중 대표적인 몇 가지를 소개합니다.

1 실물을 보여주기

물건을 소개하는 경우에는 많은 말로 설명
하는 것보다 실물을 보여주면서 설명하는
것이 말로 설명하는 것보다 훨씬 이해하기
쉽습니다. 짧은 시간에 한눈에 전달할 수
있습니다.

2 사진이나 영상을 보여주기

실물을 직접 보여줄 수 없는 경우, 미리 촬
영한 사진을 보여주면서 설명하는 것도 좋
은 방법입니다. 영상이라면, 정보량은 더욱
많아집니다!

③

도표나 그래프로 보여주기

복잡한 내용은 한 번 정리하여 도표나 그래프, 표 형태로 만드는 것도 추천합니다. 전달하고 자 하는 내용이 정리되어 더 이해하기 쉬워집니다.

④

몸짓으로 보여주기

그 자리에서 바로 사용할 수 있는 방법은 몸짓으로 보여주는 것입니다. 자신이 전달하고자 하는 내용을 제스처로 표현합니다. 이야기의 구조나 흐름, 눈앞에 없는 것을 손이나 동작으로 표현하거나, 주목받고 싶은 부분을 강조하는 데 사용할 수 있습니다.

⑤

설명 자료(프레젠테이션 자료)를 보여주기

전달하고자 하는 프레젠테이션 내용에 맞춰 자료를 준비하는 방법입니다. 이야기의 흐름에 따라 한 장씩 자료를 넘기면서 설명합니다. 이야기의 요점과 흐름을 눈으로도 이해할 수 있게 도와줍니다.

이 방법들은 단독으로도, 조합해서도 사용할 수 있습니다. 이야기하는 사람과 듣는 사람 사이에서 이미지를 공유할 수 있어, 더욱 잘 전달되는 프레젠테이션이 됩니다.

이 장에서는 ❷의 설명 자료(프레젠테이션 자료 / 슬라이드)에 대해 깊이 있게 배워보겠습니다. 이야기의 내용이 많을 때나, 많은 사람들에게 전달할 경우에 사용하는 방법입니다.

프레젠테이션 자료에 대해 깊이 있게 배워봅시다!

point

시각적으로 전달하는 방법을 능숙하게 활용해 봅시다.

3 | 프레젠테이션 자료란 무엇인가?

자, 이것이 실제로 컴퓨터로 만든 슬라이드 자료입니다. 어떤 아이디어가 적용되었을까요?

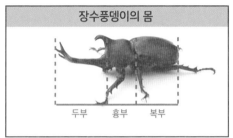

https://publicdomainq.net/japanese-rhinoceros-beetle_0036547/

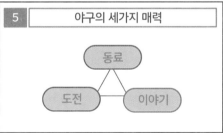

방송 위원회 연간 활동 보고

① 주요 활동 보고

② 예산 보고

③ 다음 해의 활동 계획

주제에 번호가 매겨져
있어서 이야기의 흐름
이 보인다.

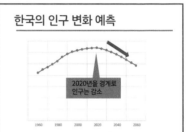

한국의 인구 변화 예측

2020년을 경계로
인구는 감소

1960 1980 2000 2020 2040 2060

이 화살표로 변화를
쉽게 이해할 수 있네.

프레젠테이션 자료는 컴퓨터 등으로 만든 자료를 화면에 투사하여 보여주는 방법과, 손으로 직접 작성한 자료를 손으로 넘기면서 설명하는 두 가지 방법이 있습니다.

point

자료에서 시각적으로 전달되는 아이디어를
활용해 봅시다.

여기서부터, 실제로 프레젠테이션 자료를 만들어 봅시다.

연 습

> 56페이지에서 선택한 내가 좋아하는 것을 주제로 프레젠테이션 자료를 만들어 봅시다.

여기서 갑자기 컴퓨터 화면이나 용지에 자료를 만들기 시작하는 것은 지름길처럼 보이지만 사실은 돌아가는 길입니다. 머릿속이 혼란스러워지고, 예상보다 시간이 많이 걸려 결과물이 별로일 수 있습니다.

자료 만들기는 두가지 작업으로 나누어집니다

프레젠테이션 자료 만들기에서는 다음 두 가지 작업을 나누어 진행하는 것이 포인트입니다.

A **생각하는 작업**
완성된 자료를 상상하면서, 자료의 흐름과 각 페이지에 들어갈 정보를 구상합니다.

만드는 작업

구상한 내용을 바탕으로, 컴퓨터 화면이나 용지에 자료를 만들어 나갑니다.

이 Ⓐ생각하는 작업에서 이용하는 것이 스토리보드입니다.

영화나 드라마 촬영에서는 장면마다 대사나 카메라 각도 등, 사전에 영상의 세부 부분을 구상하기 위해 스토리보드를 사용합니다. 프레젠테이션의 스토리보드도, 상대방에게 전달할 장면을 생각하면서 사전에 그려 나갑니다.

🎀 유니의 스토리 보드 ~ 캠핑에 대한 프리젠테이션 ~

그럼, 캠핑에 대한 프레젠테이션의 스토리보드를 만들어 봅시다.

이때 참고하면 좋은 것은 55페이지의 무왜예행 시트와 트리 도표에 적힌 정보입니다.

무왜예행 시트

~ 유니의 가족 캠핑 소개 프레젠테이션~	
무 **무엇을**	추천하고 싶은 캠핑에 대하여
왜	가족과 함께 자연 속에서 보내는 캠핑은 가족의 사이가 한층 가까워지기 때문입니다.
예 **예를 들어**	모두 함께 캠프파이어를 둘러싸면 평소에는 쉽게 하지 못하는 이야기로 분위기가 고조된다.
행 **행동**	먼저 간편한 당일치기 캠핑부터 시작해 보길 바랍니다.

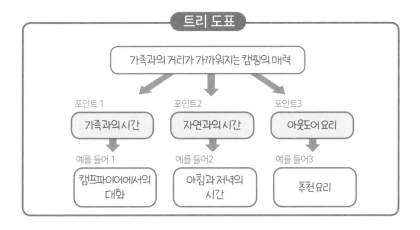

트리 도표

가족과의 거리가 가까워지는 캠핑의 매력

포인트 1
가족과의 시간

포인트2
자연과의 시간

포인트3
아웃도어 요리

예를 들어 1
캠프파이어에서의 대화

예를 들어2
아침과 저녁의 시간

예를 들어3
추천 요리

　

무왜예행 시트와 트리 도표로 정리한 내용을 바탕으로 스토리보드를 만들어 봅시다. 어떤 순서로 이야기할까? 어떤 페이지가 필요할까?를 생각하면서 초안을 작성해 보세요. 그 완성형이 아래 그림입니다.

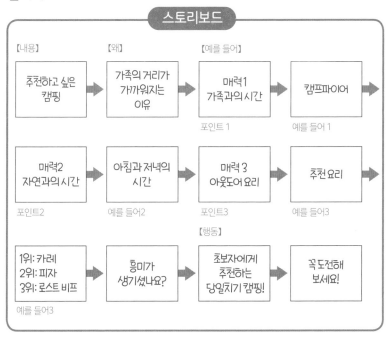

스토리보드

【내용】
추천하고 싶은 캠핑

【왜】
가족의 거리가 가까워지는 이유

【예를 들어】
매력1
가족과의 시간
포인트 1

캠프파이어
예를 들어 1

매력2
자연과의 시간
포인트2

아침과 저녁의 시간
예를 들어2

매력 3
아웃도어 요리
포인트3

추천 요리
예를 들어3

1위: 카레
2위: 피자
3위: 로스트 비프
예를 들어3

흥미가 생기셨나요?

【행동】
초보자에게 추천하는 당일치기 캠핑!

꼭 도전해 보세요!

【스토리보드 만드는 방법】

❶ 슬라이드 한 페이지를 하나의 사각형 틀로 표현하기

❷ 그 틀에 페이지에 들어갈 단어와 소재(사진, 동영상, 도표, 표)를 대략적으로 초안 작성하기

❸ 모든 페이지를 작성한 후 전체 흐름을 점검하기

여기까지 완료되면, 스토리보드를 바탕으로 컴퓨터나 손으로 실제 자료를 만들어 나갑니다.

스토리보드는 대략적인 이미지로도 충분합니다!

프레젠테이션 자료를 이렇게 초안 작성하는 거였구나! 몰랐어~!

point

먼저 손으로 그린 스토리보드로 이야기의 흐름을 확실히 다듬어 갑니다.

5 | 프레젠테이션의 주인공은 누구일까?

　스토리보드를 만들다 보면, 이것도 이야기하고 싶고, 사진도 넣고 싶고, 많은 아이디어가 떠오를지도 모릅니다. 슬라이드에 음악이나 애니메이션(움직임)을 넣으려는 사람도 있을 것입니다.

 질문　프레젠테이션의 주인공은 발표자와 자료 중 어느 쪽일까요?

당연한 질문처럼 느껴지죠. 하지만 자료 만들기가 어느새 작품 만들기가 되어, 어느새 주인공 자리를 자료에 빼앗기게 되는 경우가 자주 있습니다.

답변 **프레젠테이션의 주인공은 발표자입니다.**

자료는 말로만은 전달할 수 없는 것을 눈으로도 전달해 주는 것입니다. 즉, 프레젠테이션을 성공시키기 위한 조력자에 불과합니다. 이를 염두에 두고, 이상적인 자료에 대해 생각해 봅시다.

주인공은 발표자 !!

point

프레젠테이션 자료는 조력자!
주인공은 바로 발표자입니다!

6 | 자료는 읽는 것이 아니라, 보는 것

프레젠테이션 자료는 발표자의 조력자였습니다. 그렇다면 구체적으로 어떤 점을 주의하며 자료를 만들어야 할까요?

질문 🅐🅑 두 자료 중 어느 것이 더 이해하기 쉬울까요?
어느 것이 발표자의 조력자가 되고 있을까요?

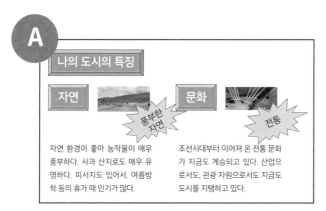

A

나의 도시의 특징

자연   문화

풍부한 자연   전통

자연 환경이 좋아 농작물이 매우 풍부하다. 사과 산지로도 매우 유명하다. 피서지도 있어서, 여름방학 등의 휴가 때 인기가 많다.

조선시대부터 이어져 온 전통 문화가 지금도 계승되고 있다. 산업으로서도, 관광 자원으로서도 지금도 도시를 지탱하고 있다.

B

나의 도시의 특징

자연   문화

• 농작물이 매우 풍부
• 사과 산지도 유명
• 피서지로서도 인기

• 조선시대부터의 전통문화
• 산업으로서 지금도 번창
• 관광 자원

프레젠테이션 자료는 자료를 보기만 해도 어느 정도 내용이 전달될 수 있을 만큼 정보량은 적고 간단하게, 이해하기 쉽게 만드는 것이 철칙입니다. 사람은 읽는 것과 듣는 것 중 하나에만 집중할 수 있습니다. 정보가 너무 많은 자료는 때로는 프레젠테이션을 방해할 수 있습니다.

답변 ❸가 정보가 잘 정리되어 있어서 이해하기 더 쉽습니다.

⭕ 보는 자료

자료를 보면서 이야기를 듣는다

❌ 읽는 자료

읽느라 바빠서
이야기를 듣지 않는다

보는 자료의 기본은 한 페이지에 하나의 메시지

보는 자료에서 중요한 것은, 한 페이지에 담기는 정보의 양입니다.

예를 들어 그림 연극은 현재 이야기하고 있는 장면만을 한 장의 종이에 담습니다. 여러 장면을 억지로 넣지 않습니다.

프레젠테이션의 슬라이드 자료도 마찬가지로, 한 페이지의 정보를 압축하는 것이 포인트입니다. 페이지를 넘길 때마다, 주제가 하나씩 진행되도록 한 페이지에 하나의 메시지로 구성합니다.

point

발표자와 자료는 항상 둘이서 하나가 되어 프레젠테이션을 만듭니다!

7 | 자료 만들기에 필요한 5가지 능력 【상급자용】

간단하고 이해하기 쉬운 보는 자료를 만들기 위한 5가지 포인트를 소개합니다.

A 항목별 나열의 힘

문장을 길게 쓰지 말고, 중요한 포인트를 항목별로 나열합니다.

기준은 한 줄에 20자 이내, 3~5개 항목으로 요약하는 것이 좋습니다.

예: 정보를 압축하여, 내용을 한눈에 파악할 수 있게 함

B 색상의 힘

강조하고 싶은 포인트나 전체 분위기 조성에 색상을 사용합니다.

사용하는 색의 기준은 3가지 이내가 좋습니다.

예: 강조하고 싶은 부분에 색상 사용

C 이미지의 힘

사진이나 일러스트를 사용하여, 전달하고 싶은 것의 이미지나 실물의 상세 정보를 전달합니다.

예: 이야기의 분위기를 사진으로 전달

D 도표의 힘

말로 전달하기 복잡한 내용은 도표를 사용해 간략화합니다.

예: 사물의 구성이나 비율을 표현 (트리 도표, 원 그래프)

E 소제목의 힘

각 슬라이드의 맨 위에 이 슬라이드에 있는 내용의 소제목을 넣습니다.

이 페이지에 어떤 정보가 있는지를 쉽게 파악할 수 있습니다.

예: 슬라이드 상단에 소제목 삽입

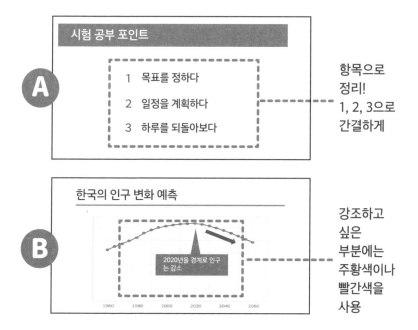

A

시험 공부 포인트

1 목표를 정하다

2 일정을 계획하다

3 하루를 되돌아보다

항목으로 정리!
1, 2, 3으로 간결하게

B

한국의 인구 변화 예측

2020년을 경계로 인구는 감소

1960 1980 2000 2020 2040 2060

강조하고 싶은 부분에는 주황색이나 빨간색을 사용

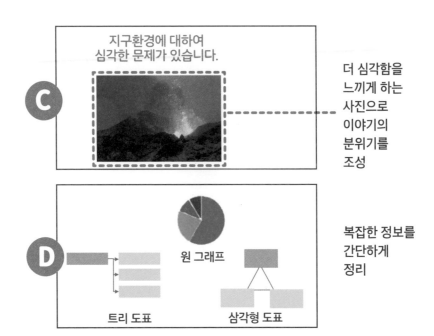

C 더 심각함을
느끼게 하는
사진으로
이야기의
분위기를
조성

D 복잡한 정보를
간단하게
정리

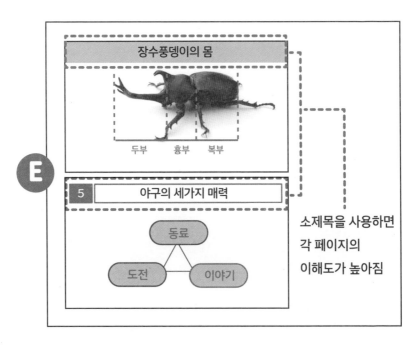

E 소제목을 사용하면
각 페이지의
이해도가 높아짐

이 다섯 가지 능력을 사용하여, 보면서 이해할 수 있는 자료에 도전해 봅시다.

간결하고 이해하기 쉽게 표현하기 위해서는 사전 정리 작업이 무엇보다 중요합니다! 트리 도표 등으로 정리한 후에 자료를 만들어 봅시다!

손글씨로도 훌륭한 프레젠테이션이 된다

"프레젠테이션 자료를 만들고 싶은데, 컴퓨터가 없어서...", "조작법을 몰라서 불안해..." 하는 사람도 있을 것입니다. 그런 경우에는 프레젠테이션 자료를 손으로 작성하는 것을 추천합니다. 손으로 작성한 자료는 그 사람만의 개성과 따뜻함도 전달할 수 있습니다.

손으로 자료를 만들 때 추천하는 방법은, 스케치북을 사용하는 것입니다. 스케치북을 그림 연극처럼 넘기면서 프레젠테이션을 하는 거죠. 포인트는 스케치북에 직접 쓰는 것이 아니라, 흰 종이를 붙이는 것입니다. 이렇게 하면 페이지를 자유롭게 교체할 수 있기 때문입니다.

프레젠테이션이라고 하면 어렵게 느껴질 수도 있습니다. 하지만 프레젠테이션은 여러분의 일상 속에 가득합니다. 더 가볍게 생각해 주세요. 완벽을 추구하며 주저하기보다는, 지금의 자신이 시작할 수 있는 방식으로 시작하세요!

손글씨와 그림으로 자신만의 개성을 표현해보세요!
손으로 작성한 자료에 익숙해진 후에, 컴퓨터 등을
시도해보는 것도 좋습니다.

프레젠테이션 자료를 만들어보고 싶어졌나요?
P116에서 소개한, 자신이 좋아하는 것을 소개
하는 프레젠테이션은 추천하는 연습 활동입니
다! 지금까지 많은 초·중학생들이 도전해 온 프
레젠테이션입니다. 자신이 좋아하는 것을 하
나 선택하여 자료를 만들어보세요. 그 자료를
사용하여 어떻게 전달할지 그리고 그것을 다음
CHAPTER 5에서 배워봅시다.

5

말하기의 마법

~ 어떻게 전달할까 ? ~

1 | 말할 내용을 정하다

　슬라이드 자료가 완성되면 이제 거의 다 왔습니다. 실전까지의 준비를 진행해 봅시다.

　다음으로 할 일은, 각 페이지에서 어떤 이야기를 할지, 말할 내용을 구체적으로 정하는 작업입니다.

【말할 말을 정하는 절차】

❶ 슬라이드 자료를 넘기면서 페이지마다 말할 말을 정한다.

❷ 필요에 따라, 말할 키워드를 적은 프레젠테이션 메모를 만든다.

　이 작업을 통해 실제로 말할 내용과 이야기의 흐름을 머릿속에 넣어 봅시다.

【말할 말을 선택할 때의 포인트】

● 누구나 이해할 수 있는 간단한 말을 사용한다.

　x 전문 용어

　x 어려운 단어

● 청중이 이미지를 떠올릴 수 있는 구체적인 말을 사용한다.

어떻게든 실전에 불안을 느끼는 사람은, 말할 내용을 원고로 작성한 프레젠테이션 원고를 만드는 것도 추천합니다. 여러 번 연습해서 내용을 머리에 넣어두세요.

point

준비를 통해 말할 내용을 머리에 넣어둡니다.

2 | 페이지를 연결하는 이어주는 한 마디

슬라이드 자료는 많은 페이지로 구성되어 있습니다. 따라서 각 페이지가 끊기지 않고 연결되게 전달하는 것이 중요합니다. 핵심은 페이지를 넘길 때의 이어주는 한 마디입니다. 작문에서 단락과 단락을 이어주는 접속사처럼 "사실은", "그런데", "즉" 등의 이어주는 한 마디로 다음 페이지의 내용으로 연결해 나갑니다.

A 무왜예행에서 사용 가능한 이어주는 한 마디

무왜예행의 각 항목의 경계는 이야기의 내용이 크게 바뀌는 부분입니다. "무엇을"에서 "왜"로 들어갈 때는 "왜냐하면", "예를 들어"로 들어가기 전에는 "예를 들어", "행동으로" 들어갈 때는 "따라서" 등을 넣어줍시다.

B 간격

다음으로 중요한 것은 간격입니다. 주제가 바뀔 때 한 번 숨을 고르고 나서 다음 슬라이드로 넘어가면, 그것만으로도 훌륭한 연결의 역할을 합니다. 청중도 내용이 바뀌었구나라고 인식할 것입니다.

기타 연결의 한 마디

C

이야기가 전개될 때 사용할 수 있는 연결의 한 마디 목록입니다. 이 중
어떤 표현을 어떤 페이지에서 사용할지 미리 정해둡시다.

결과에 이어지는 원인 : 왜냐하면

원인에 이어지는 결과 : 그래서

구체적인 예에 이어지는 요약 : 즉

요약에 이어지는 구체적인 예 : 구체적으로는

이전 내용의 반대 : 하지만

이야기가 크게 전환될 때 : 그런데

point

흐름이 자연스러운 프레젠테이션은 이어주는 한 마디로
결정됩니다.

3 | 사전 연습만이 답이다

말할 내용이 정해졌다면, 여러 번 연습을 해봅시다. 프레젠테이션이나 발표에는 미리 제한 시간이 정해져 있습니다. 실제로 시간을 측정하면서 시간 내에 끝낼 수 있는지, 반대로 시간이 남지 않는지를 확인합니다.

제한 시간을 슬라이드 자료의 장수로 나눠 한 페이지당 예상 시간을 파악해 두는 것도 매우 중요합니다. 시간이 부족하거나 남는 경우, 자료나 내용을 수정해야 한다면 이 단계에서 조정합니다.

발표 장면

이 자리는 어떤 흐름일까? 내 순서는?

- 이 자리의 목적
- 프레젠테이션 전후의 흐름
- 질문 시간의 유무

발표 장소

어떤 무대에서 발표할까? 자료는 괜찮을까?

- 어떤 장소 / 회장
- 발표자와 청중의 위치 관계
- 슬라이드 자료를 보여주는 방법이나 위치

또한, 발표 장소나 참가 인원, 그 자리의 분위기 등을 미리 상상하며 본격적인 시뮬레이션도 해보세요. 시선 처리, 목소리 크기, 컴퓨터 위치 등을 생각하며 연습하면 본 발표에서의 불안감을 줄일 수 있습니다.

프레젠테이션이나 발표는 상대방의 소중한 시간을 얻어 진행하는 것이므로, 철저하게 준비하고 임하는 것이 상대방에 대한 배려입니다.

청중

상대방은 어떤 마음으로 들어줄까?

- 청중은 어떤 사람들인가
- 참가자의 인원수
- 주제에 대한 지식이나 흥미·관심도

말하는 방법

어떤 느낌으로 말할까?

- 말하는 분위기
- 목소리 크기와 속도
- 표정과 몸짓

point

사전 시뮬레이션이 실전에서 나를 도와줄 것입니다.

4 | 전달 방식에도 개성이 있다

　프레젠테이션이라고 하면, 스크린 앞에서 큰 목소리로 오버 액션을 하며 이야기하는 모습을 상상하는 사람이 많을지도 모릅니다.

　그러나, 각자의 생각과 아이디어에 개성이 있는 것처럼, 전달 방법에도 그 사람만의 개성이 있습니다. 전달하는 스타일은 100명이 있으면 100가지가 있습니다.

　천천히 하더라도, 활기차게 하더라도, 감정을 풍부하게 담더라도, 나만의 스타일로 하면 됩니다. 여러 번 경험을 쌓으면서, 자신의 생각을 가장 잘 전달할 수 있는 스타일, 그 상황에 맞는 스타일

을 찾아가면 됩니다.

목소리가 조금 떨려도, 다리가 후들거려도, 말이 막혀도 괜찮습니다. 마음을 담아 상대방을 생각하며 만든 프레젠테이션은 발표 당일에 약간의 실수가 있더라도 프레젠테이션 자체의 "완성도"와는 상관이 없습니다.

중요한 것은 상대방의 머리와 마음에 전달하는 것입니다. 그것이 가능하다면, 자신만의 스타일로 해도 좋습니다. TV에서 유명인이 했던 그 프레젠테이션, 반에서 말을 아주 잘하는 그 아이의 발표를 꼭 목표로 삼을 필요는 없습니다.

point

자신만의 스타일을 목표로 합시다.

프레젠테이션이 능숙해지려면 한 번이라도 더 실전을 많이 경험하는 것이 중요합니다. 그리고 또 하나 잊지 말아야 할 것이 바로 '끝내고 나서 방치하지 않는 것'입니다! 매번 끝나고 반드시 되돌아보기를 할 것을 추천합니다.

【되돌아보기 방법】

❶ 잘한 것 / 좋았던 것을 생각한다.

❷ 잘하지 못한 것 / 더 잘할 수 있는 것을 생각한다.

되돌아본다고 하면 반성을 떠올릴 수도 있겠지만, 그것이 아닙니다. 다음에 활용하는 것이 되돌아보기입니다.
저도 여전히 매번 프레젠테이션 후에 되돌아보기를 하고 있습니다.

이때 ❶과 ❷의 순서가 무엇보다 중요합니다! 용기를 내어 프레젠테이션을 했다면, 잘한 점이 많이 있을 것입니다. 먼저 그 점들을 확실히 디지고, 잘하지 못한 점이나 개선할 점은 다음 목표로 삼으세요. 다음과 같은 관점으로 되돌아보면 좋습니다.

【되돌아보기의 핵심】

❶ 전달한 내용에 대해: 프레젠테이션의 주제, 설정, 내용은 어땠는가?

❷ 자료에 대해: 작성한 자료가 이해하기 쉬웠는가?

❸ 실전에서의 전달 방법에 대해: 실전에서의 말투나 행동, 상대방의 반응은 어땠는가?

point

프레젠테이션 후의 되돌아보기가 바로 실력 향상의 지름길입니다.

만약 실패하면 어떻게 할까

　많은 사람들 앞에서 발표하는 것은 긴장되기도 하고, 반응도 매우 신경 쓰이는 법입니다. 특히 상대방의 행동에 영향을 미치는 프레젠테이션이라고 생각하면, 아주 높은 장벽처럼 느껴질지도 모릅니다.

　생각대로 프레젠테이션을 하지 못했다거나, 머릿속이 새하얘져서 크게 실패했다거나, 청중이 이해하지 못해서 모두를 볼 면목이 없었다거나, 그런 실패는 누구나 있는 법입니다. 저도 여러 번 얼굴이 화끈거릴 정도로 부끄러운 경험을 했고, 더 준비했어야 했다고 후회한 적도 많았습니다.

　하지만, 이렇게 실패한 경험이 있었기 때문에 그것을 극복하고,

지금은 모두에게 마법의 전달법을 전할 수 있었던 것입니다. 그때는 실패했다고 생각했지만, 그 실패를 교훈 삼아 무왜예행도 스토리보드도 모두 고안해 낸 것입니다.

여러분도 실패해도 괜찮습니다. 다음에 활용해서 점점 프레젠테이션이 능숙해지는 것이 100배 더 중요합니다. 애초에 주변 사람들은 남의 실패를 그렇게 오래 기억하지 않습니다. 실패를 실패로 끝낼지, 다음 성공의 발판으로 삼을지는 여러분에게 달려 있습니다.

여러분 앞에 진정으로 이루고 싶은 꿈이 나타났을 때, 실전에서 익힌 마법의 전달법은 반드시 도움이 될 것입니다. 이 방법으로, 여러분이 꿈을 이루기를 진심으로 바랍니다.

프레젠테이션을 만드는 과정을 하나씩 배워왔습니다. 그렇지만, 이 책은 한 번 읽고 끝내는 것이 아닙니다! 여러분이 실제로 프레젠테이션을 준비할 때 필요한 페이지를 다시 읽어보세요. 이 책을 프레젠테이션의 레시피 북으로 활용해 주면 기쁠 것 같습니다!

자, 이제 드디어 CHAPTER 6입니다. 앞으로 많은 전달의 순간을 맞이할 여러분에게 전하는 메시지입니다!

여러분에게
보내는 메시지

1 | 전달을 잘하는 사람은 듣기를 잘한다

지금까지 마법의 전달 방법에 대해 많이 배웠지만, 여기서는 전달력을 키우고 싶을 때 꼭 필요한 듣는 힘에 대해 이야기해 보겠습니다.

그것은 바로, 전달을 잘하고 싶다면 먼저 자신이 듣는 것을 잘하는 사람이 되는 것입니다.

눈앞의 사람이 무언가를 이야기할 때, 상대의 이야기에 정성껏 귀를 기울여 보세요. 열심히 다른 사람의 이야기를 들으면, 자신이 전달하는 입장이 되었을 때 주변 사람들도 같은 마음으로 이야기를 들어줄 것입니다.

편안한 반 친구나 장소는 프레젠테이션에 대한 긴장감과 도전에 대한 장벽을 낮춰줍니다. 그런 환경에서 프레젠테이션을 반복함으로써 그 경험이 처음인 사람이나 많은 사람들 앞에서 프레젠테이션을 할 때에도 큰 힘이 됩니다.

프레젠테이션은 사람과 사람 사이의 커뮤니케이션입니다. 따라서, 듣는 능력을 갈고 닦을수록 돌아 돌아 모두의 전달력도 성장하게 됩니다. 누군가의 프레젠테이션을 들을 때, 평소보다 마음을 다해 들어보는 것부터 시작해 봅시다.

point

열심히 이야기를 들으면, 상대방도 같은 마음으로
이야기를 들어줄 것이다.

2 | 배운 것을 발휘하는 학습

학습에는 받는 학습과 표현하는 학습 두 가지가 있습니다. 지금까지 여러분이 이 책에서 배운 것은 다양한 지식과 방법을 받는 학습입니다. 그리고 이 받는 학습을 자신의 것으로 만들기 위해 중요한 것이 표현하는 학습입니다.

"사람에게 설명하기 위해 조사해 보니 정말 공부가 됐다!"
"친구에게 무언가를 가르쳐 주었을 때, 내 이해도가 훨씬 높아졌다!"
라고 느낀 적이 있지 않나요? 이것이 바로 표현하는 학습입니다. 상대를 위해 조사하고, 이해하기 쉽게 설명하려고 노력하며, 가르치는 입장이 됨으로써 배운 것을 더 잘 이해하고 자신의 말로 설명할 수 있게 되는 것입니다.

이 책에서의 표현하는 학습은 무엇인지 이제 알겠지요? 바로 실제로 프레젠테이션을 해보는 것입니다.

용기를 내어 손을 들고 무왜예행을 사용해 발표해 보는 것도 좋고, 그룹이나 반의 대표로 발표할 기회가 있다면 자원하는 것도 추천합니다.

발표나 프레젠테이션에 도전한 횟수는 전달력에 비례할 뿐만 아니라 사람들 앞에서 이야기하는 용기도 키워줍니다!

　꼭 도전해 보세요.

내가 약속할게요!

point

배운 것을 프레젠테이션이나 발표로 실제로 해 봅시다.

3 | 전달하는 입장이 되어 보이는 것

학교 선생님이나 학급회의의 사회를 보는 친구들은 모두 앞에서 어떤 기분으로 이야기를 하고 있을까요?

텔레비전 아나운서나 유튜버는요? 그들은 어떻게 프로그램을 만들고 있을까요? 말하는 방법이나 기획력은 어떻게 갈고닦고 있을까요?

전달하는 입장이 되면, 평소에는 보이지 않던 것들이 갑자기 보이기 시작합니다. 다른 사람의 이야기를 듣는 입장의 반대편에 많은 전달하는 입장의 사람들이 있다는 것을 깨닫게 될 것입니다. 서비스나 물건을 소비하는 반대편에는 많은 만드는 사람들이 있다는

보이지 않는 곳에 "전달하는 입장"의 사람이 많이 있다

것도 느낄 수 있을 것입니다.

먼 존재처럼 보이는 연예인도, 아나운서도, 유튜버도 처음에는 작은 한 걸음에서 시작했습니다. 어쩌면 "네!" 하고 손을 들며 나서는 것에서 시작했을지도 모릅니다.

미래에 하고 싶은 일이 있거나, 꿈을 이루고 싶을 때에는, 꼭 스스로 "하고 싶어요!" "여기 모여!"라고 첫 걸음을 내딛어 보세요. 여러분은 언제든지 손을 들기만 하면 전달하는 입장이 될 수 있다는 것을 프레젠테이션 경험을 통해 알았으면 좋겠습니다.

여러분의 미래에는 많은 가능성이 기다리고 있습니다. 그 가능성의 문을 여는 것도, 열지 않는 것도, 모두 여러분 자신에게 달려 있습니다.

point

처음에는 누구나, 작은 한 걸음에서 시작합니다.
그 한 걸음을 내딛는 것은 자기 자신입니다.

4 │ 전달되지 않을 때야말로 진정한 기회

용기를 내어 프레젠테이션에 도전했지만, "생각한 대로의 결과가 나오지 않았다"는 경험은 누구에게나 있을 수 있습니다.

그럴 때일수록 발상을 전환하세요! 생각이나 아이디어를 다듬을 기회입니다.

내용 자체를 다시 다듬을 필요가 있을지도 모르고, 이 책을 다시 읽어보면서 자신의 전달하고자 하는 생각을 더 명확히 하거나, 상대방을 상상하면서 전달하는 방법을 더 고민해보는 것도 좋습니다. 전달력은 실패 속에서 향상되는 법입니다.

하지만 아무리 노력해도, 여러분의 하고 싶은 일이나 꿈에 동의하는 친구가 나타나지 않는다면…?

그럴 때는 전달하는 대상이나 장소를 과감히 바꿔보는 것도 하나의 방법입니다. 단지 눈앞의 사람들에게는 와닿지 않았을 뿐일지도 모릅니다.

지구상에는 80억 명의 사람들이 있습니다. 장소를 바꾸면, 여러분의 생각이나 아이디어에 공감해줄 사람은 반드시 있을 것입니다.

지금 있는 곳에서 전달되지 않는다면, 전달하는 대상이나 장소를 바꾸는 용기도 꼭 가져주길 바랍니다.

point

자신의 생각과 아이디어는 보물입니다.
그렇기 때문에, 전달하는 것을 쉽게 포기하지 마세요.

5 | 전달 방법은 무한하다

이 책에서 소개한 프레젠테이션 방법은 세상에 많은 전달 방법 중 하나에 불과합니다.

미래에 여러분이 어른이 될 때쯤에는, 기술의 발전과 그에 따른 커뮤니케이션 방법의 변화로 인해, 프레젠테이션의 방법이나 기술이 지금과는 크게 달라질 수도 있습니다.
이미 인터넷상의 메시지만으로 만난 적 없는 사람과 생각을 공유하고 함께 일하는 시대가 시작되었습니다.

하지만 시대와 기술이 진화해도 변하지 않는 것도 있습니다.
자신의 생각을 말로 표현하는 것, 상대에게 생각이 전달되는 표현 방법, 상대를 상상하는 힘 같은 것들입니다.

이 책에서는 이런 언제나 통하는 힘을 많이 전해드렸습니다.
이것들은 프레젠테이션의 기초이며, 여러분이 어른이 되어 시대가 변해도, 분명 여러분의 꿈을 이루는 큰 도움이 될 것입니다.

이 기초를 마스터한 후에는, 여러분의 개성과 발표 장면에 딱 맞는 표현 방법을 찾을 수 있을 것입니다.
전달 방법은 하나에 한정되지 않습니다. 무한히 있습니다.

point

전달 방법은 무한합니다! 딱 맞는 프레젠테이션 방법을
계속해서 업데이트하세요!

6 | 전달해서 이루어진다

프레젠테이션은 꿈을 이루는 도구라고 이 책의 처음에 적었습니다. 어쩌면 그런 말이 과장되었다고 느낀 사람도 있을지 모릅니다.

하지만 "전달하지 않으면 꿈은 이루어지지 않는다"는 것은 진실입니다.

지금 세상에 있는 인터넷도, 스마트폰도, 우리 생활에 없어서는 안 될 모든 것들이 처음에는 누군가 한 사람의 "이런 것이 있으면 좋겠다", "할 수 있으면 좋겠다"라는 생각에서 시작되었습니다. 마음속에 떠오른 생각이나 아이디어, 즉 꿈을 첫 번째 누군가에게 전달한 것에서 모든 것이 시작되었다고도 할 수 있습니다.

혼자서 할 수 있는 일에는 한계가 있습니다.
누군가에게 전달하고, 전달되기 때문에 협력해 줄 사람이 나타납니다. 그 꿈을 이루기 위해 필요한 환경이나 조건을 갖추게 되어 꿈에 한 걸음 다가갈 수 있습니다.

여러분이 이 책에서 배운 프레젠테이션은, 앞으로의 인생에서 "무언가를 하고 싶다", "이런 것이 있으면 좋겠다"라고 생각했을 때, 그 꿈을 이루는 데 도움을 줄 것입니다.
그리고, 그 꿈을 위해 프레젠테이션을 하는 것은 틀림없는 여러분 자신입니다.

point

자기 자신의 힘으로 꿈에 한 걸음 더 가까이 다가가세요.

끝맺으며

이 책을 읽고 나서 프레젠테이션에 대한 여러분의 인상은 변했나요? 전달하는 힘을 통해 많은 사람들과 경험을 만나고 인생의 중요한 기회를 잡기를 바랍니다. 이 책에 담긴 이 마음이 여러분이 한 발 내딛는 힘이 되기를 간절히 바랍니다.

우리 모두가 가진 생각이나 아이디어와 같은 보물은 전달하는 것으로만 다른 사람과 공유할 수 있습니다. 즉, 전달하는 힘은 사람과 연결되는 힘이라고도 할 수 있습니다.

그리고, 이 프레젠테이션을 통해 모두가 연결되기를 바라는 또 한 사람이 있습니다. 그것은 바로 자기 자신입니다.

이 책에서도 계속 이야기해왔듯이, 자신의 생각이나 아이디어를 전달하기 위해서는 많은 고민이 필요합니다. 여러 번 생각을 말로 표현하며, 자신이 진정으로 전하고 싶은 것을 다듬어야 합니다. 이 과정에서 자신이 미처 깨닫지 못했던 생각이나 아이디어, 꿈을 발견할 수도 있을 것입니다. 누군가에게 전달하기 위해 준비하는 프레젠테이션이 자기 자신을 알게 해주는 도구가 될 수도 있습니다.

조금 과장일 수도 있지만, 어떤 일에 마음이 움직이는지, 어떤 순간에 행복을 느끼고 앞으로 무엇을 하고 싶은지, 즉 인생에서 소중히 여기는 것이나 여러분이 나아갈 길을 프레젠테이션을 통해 알게 될 수 있습니다.

  자기 자신과 연결된 사람들이 프레젠테이션을 통해 생각을 공유하고 함께 꿈을 실현해 나갈 수 있다면 정말 멋지지 않나요? 프레젠테이션을 통해 자신의 내면에 있는 보물을 발견하고 그것을 소중히 여기며 인생을 살아가는 사람들이 더 많아지기를 진심으로 바랍니다.

스즈키 미유키

스즈키 미유키

프레젠테이션 선생님, "아이들이 가르치는 학교" 교장, 사고 정리 "전달의 달인"

초등학생과 중학생이 자신이 좋아하는 주제를 어른들에게 프레젠테이션하는 아이들이 가르치는 학교를 온라인으로 운영하고 있습니다. 대일본인쇄(주)에서 상품 기획과 교육 사업을 경험한 후 독립하여 전달의 달인이라는 이름으로 경영자 대상 프레젠테이션 자료 제작과 사고 정리 사업을 시작했습니다. 2020년 코로나로 인해 학교가 휴교된 동안, 아이들이 가르치는 학교를 설립해 약 2년간 1800쌍이 참여했으며, 이 독창적 학습 프로그램은 프레젠테이션 능력과 자기 탐구에 도움을 주는 프로그램으로 평가받아 공립 초등학교에서도 채택되었습니다. 초등학교 3학년 아들의 어머니입니다.

신도 사토에

야마구치현 출신, 고베시에 거주. 필기 문자 아티스트, 일러스트레이터.

세 아들(장남과 쌍둥이)을 키우며 바쁜 일상 속에서도, 힘든 순간을 웃음으로 바꾸는 일러스트로 치유를 경험합니다. 현장 분위기를 살린 체험 리포트, 그래픽 녹화, 일러스트 제작을 진행하고, "자신도 주변도 기분 좋게"를 모토로 필기 문자 아트 기법을 바탕으로 한 강좌 및 워크숍을 간사이 지역과 온라인에서 개최하여 4년 동안 150회 이상, 총 2,500명 이상이 참여했습니다. 기업 및 공공기관 연수도 진행하며, "쉽게 실천할 수 있고, 모두를 웃게 한다"는 호평을 받고 있습니다. 좋아하는 말은 "뭐, 괜찮아"와 "기분 좋게"입니다.

자신의 생각을 효과적으로 전달하는
마법의 말을 전하는 법

초판 1쇄 인쇄 2024년 11월 5일
초판 1쇄 발행 2024년 11월 15일

지은이	스즈키 미유키
펴낸곳	도서출판 THE 북
마케팅	㈜더북앤컴퍼니
출판등록	2019년 2월 15일 제2019-000021호
주소	서울특별시 영등포구 양평로12가길 14 310호
전화	02-2069-0116
이메일	thebook-company@naver.com

ISBN 979-11-987029-3-7(03190)

- 책값은 뒤표지에 있습니다.
- 잘못 만들어진 책은 구입하신 곳에서 교환해 드립니다.

10SAI KARA SHITTE OKITAI MAHO NO TSUTAE KATA
Copyright © 2021 Miyuki Suzuki, Satoe Shindo
Korean translation rights arranged with JMA MANAGEMENT CENTER INC.
through Japan UNI Agency, Inc., Tokyo and JM Contents Agency Co., Seoul

이 책의 한국어판 저작권은 저작권자와의 독점 계약으로 도서출판 THE 북에 있습니다.
저작권법에 의해 한국 내에서 보호를 받는 저작물이므로 무단 전재와 복제를 금합니다.